DÉBATS

DU

PROCÈS FIESCHI,

précédés d'un extrait analytique

DU RAPPORT DE M. LE COMTE PORTALIS

sur l'Attentat du 28 Juillet,

AVEC DESSINS ET PORTRAIT.

COUR DES PAIRS.

MONTPELLIER,

JEAN MARTEL AÎNÉ, IMPRIMEUR-ÉDITEUR,

rue de la Préfecture, Nº 10.

1836.

FIESCHI.

Vue de la Maison N⁰ 50 du boulevard du Temple.

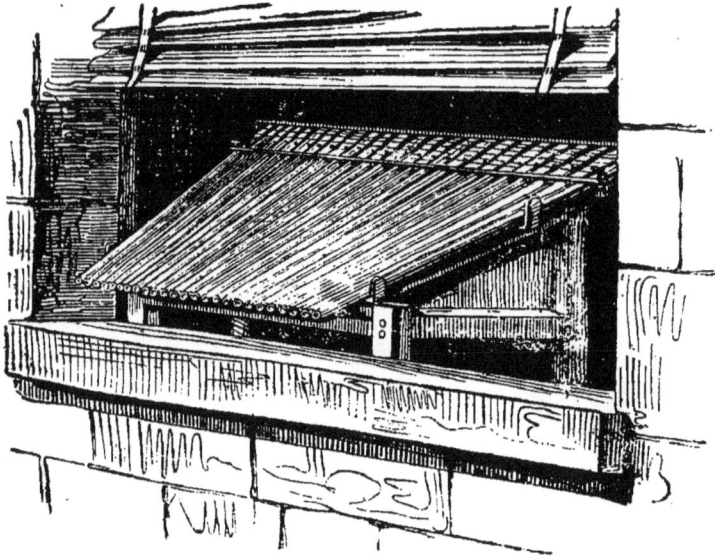

Description de la Machine Infernale.

Devant la fenêtre, un bâtis en bois de chêne, de trois pieds et demi de hauteur, s'élevait sur quatre montans ou chevrons à vis, munis de sept traverses. Les traverses étaient de grosseurs différentes; les plus rapprochées de la croisée se trouvaient de moindre proportion. La plus haute de toutes, qui était placée derrière, sans être précisément mobile, pouvait, au moyen des vis qui la retenaient, s'élever ou s'abaisser à volonté, selon la direction qu'on voulait imprimer à la machine. En ce moment, elle était posée obliquement à la croisée, de manière à faire face au cortége du roi, venant de la Porte-Saint-Martin et se dirigeant vers la place de la Bastille. D'un autre côté, la machine n'était qu'à un pouce du mur; de l'autre, elle en était distante de douze à quatorze pouces. Elle avait supporté vingt-cinq canons de fusil, disposés en plan incliné vers le boulevard; l'inclinaison ou la déclivité était de neuf à dix pouces. Ces canons de fusil semblaient avoir été fixés sur le bâtis à l'aide de deux bandes de fer retenues à leurs extrémités par des vis; ils reposaient sur deux traverses crénelées. Les créneaux, au nombre de vingt-cinq, étaient distans l'un de l'autre de quatre à six lignes. Sur chacun de ces créneaux était adapté un canon de fusil, attaché par une corde neuve de la grosseur du petit doigt. La culasse des canons reposait sur la traverse la plus élevée. Douze, quinze ou seize canons fumans, brûlans, étaient dans leurs embrasures; quatre, cinq, six, crevés au tonnerre ou éclatés vers la culasse, étaient à terre fracassés. Deux n'avaient pas fait feu.

COUR DES PAIRS.

RAPPORT
SUR L'ATTENTAT DU 28 JUILLET 1835,

PAR M. LE COMTE PORTALIS,
l'un des commissaires chargés de l'instruction.

Le rapport de la commission d'instruction de la cour des pairs, ou plutôt le rapport de M. Portalis, n'a été distribué à Paris que depuis peu de jours. Nous avions dû nous abstenir, jusqu'à parfaite connaissance de ce rapport, d'en donner une analyse sérieuse; car il convenait que la vérité ne fût en rien altérée dans les livraisons d'une brochure qui doit parler histoire, et tant de faits relatifs à la vie de Fieschi, à son caractère, à ses mœurs devaient être puisés à de sources certaines. Il sera facile à chacun de voir combien de faits annoncés depuis long-temps par les journaux doivent être argués de mensonge. Nous avons donc attendu pour bien faire, et nos souscripteurs nous sauront gré de ce retard.

Afin de ne pas abuser de la confiance qui nous a été donnée, nous avons dû élaguer de ce volumineux in-4° de nombreux passages, trop insignifians pour piquer la curiosité publique, et ne citer que les morceaux les plus saillans et les moins connus jusqu'à ce jour.

Le mardi 28 juillet, second jour du cinquième anniversaire de la révolution de 1830, le roi, entouré de l'élite des citoyens armés pour le maintien de l'ordre public et des lois, venait renouveler, en quelque sorte, au milieu d'eux, l'étroite et sainte alliance du trône et de la liberté. Il passait la revue de la garde nationale parisienne et des troupes de ligne, entouré des princes ses fils.

La vigilance de l'administration était stimulée par divers avis. Elle avait été informée que des armes à feu, dirigées sur la personne du roi, devaient faire explosion d'une maison située sur le boulevard Saint-Martin. Ce quartier était surveillé avec soin; dès trois heures du matin, les inspecteurs du service de sûreté l'avaient parcouru. Un détachement d'agens de police, munis d'armes, placés en dehors de la ligne militaire, précédait le roi de quelques pas, et avait pour consigne d'observer attentivement les croisées, d'arrêter la marche du cortège au moindre signe menaçant, et de traverser pour cela, s'il en était besoin, les rangs de la troupe.

Accompagné de plusieurs de ses ministres et d'un nombreux état-major, le roi achevait de parcourir les rangs de la seconde ligne d'infanterie; il arrivait au boulevard du Temple; les tambours battaient aux champs. MM. le duc d'Orléans, le duc de Nemours et le prince de Joinville étaient près de lui. Une foule de toute condition, de tout sexe, de tout âge, se pressait aux fenêtres des maisons et dans les contre-allées du boulevard. Il était midi, midi et demi, entre midi et une heure. Le cri de *vive le roi!* de toutes parts répété, signalait le passage de sa majesté. Le roi se trouvait devant le front de la 8e légion de la garde nationale, à la hauteur du quatrième arbre qui précède, sur ce point, la grille d'entrée du Jardin-Turc; il était en avant de son escorte, de plus d'une longueur de cheval. Le maréchal duc de Trévise se trouvait à sa suite, en tête de l'état-major. Subitement une forte détonation retentit : on croit entendre un grand nombre de pétards, une fusillade, plusieurs coups de feu, trois explosions successives, on dirait un feu de peloton mal exécuté. A l'instant autour du roi un grand vide se fait sur la chaussée du boulevard. Le pavé est inondé de sang, jonché de morts, de blessés, de chevaux gisans auprès de leurs maîtres. Le maréchal duc de Trévise, six généraux, deux colonels, neuf officiers, grenadiers ou autres citoyens faisant partie de la garde nationale, un officier d'état-major, de simples spectateurs, hommes, femmes, enfans, au nombre de vingt et un, sont frappés plus ou moins grièvement. Onze tombent sans vie, de ce nombre est une jeune fille de seize ans; sept ne survivent que peu d'heures ou peu de jours. Un serrurier en bâtimens, nommé Ledhernez, sa femme et sa belle-sœur sont renversés et blessés sur la contre-allée du boulevard, au moment où le roi passait devant eux. Diverses personnes sont atteintes dans la direction du gros arbre placé entre la maison n° 33 *bis* et la porte du Jardin-Turc, près de la boutique du coutelier Dumont. Une balle n'atteint heureusement qu'à la surface le front du roi, où elle a cependant laissé des traces qui ont duré plusieurs jours. La providence, qui, dans cette journée, a si miraculeusement veillé sur les destinées de la France, n'a pas permis que l'atteinte fût plus profonde. Le cheval de sa majesté est frappé à la partie supérieure de l'encolure. Les chevaux de M. le duc de Nemours et de M. le prince de Joinville sont pareillement blessés; l'un au jarret, l'autre dans le flanc.

De tous les côtés on s'écrie : « Le roi est mort! on assassine le roi! » A la voix de ses chefs, la garde nationale se porte en avant. Cette foule, naguère si tranquille et si joyeuse, se disperse épouvantée, en poussant des cris d'alarme et de douleur. Au milieu de ce désordre inexprimable, le roi, déchiré à l'aspect de tant de regrettables victimes, mais surmontant son émotion, se porte sur la gauche de la compagnie des voltigeurs du 4e bataillon de la 8e légion; il la rassure par sa présence et ses paroles; et, après une courte halte, il reprend sa marche et continue la revue, comme si une grêle de balles et de mitraille n'avait pas, à l'instant même, fait pleuvoir la mort autour de lui et de ses augustes fils.

Cependant, en face du Jardin-Turc, au troisième étage d'une maison portant sur le boulevard le n° 50, et dont la porte d'entrée est située entre le café des Mille-Colonnes ou café Périnet et le café Barfety, on avait aperçu la jalousie d'une fenêtre se soulever et laisser échapper des tourbillons d'épaisse fumée : c'était de là qu'étaient partis les coups meurtriers. En une minute, la maison fut investie ; les agens de police, les gardes nationaux, des officiers de la suite du roi se précipitèrent à l'envi pour y pénétrer et saisir, s'il se pouvait, en flagrant délit, les auteurs d'un si abominable attentat.

C'était là nésessairement le lieu et le repaire du crime. Un nuage d'une fumée dense, exhalant une forte odeur de poudre, empêcha d'abord d'avoir une vue distincte des objets. Malgré la chaleur de la saison, du jour, de l'heure de la journée, un feu très-ardent brûlait dans la cheminée ; de la paille enflammée, un tison fumant et embrasé gisaient sur le plancher, près d'un ciseau, d'une gouge, d'un vilbrequin, d'une vrille, d'un éclat de fer. Le sol, couvert de morceaux de verre, de fragmens de canon de fusil, était souillé d'un sang fluide et fraîchement répandu. Dans un endroit voisin du mur, et près de la porte, une mare de sang en caillots semblait indiquer qu'un homme grièvement blessé y était tombé. Là se trouvait un bougeoir en cuivre, garni d'une chandelle récemment éteinte. Les vitres étaient brisées ; le châssis de la jalousie dépendant de la fenêtre qui donne sur le boulevard, démonté ; cette jalousie, violemment arrachée ; plusieurs de ses lames, éparses çà et là, circulairement perforées. Une large traînée sanglante, longue de six pieds, souillait le papier de tenture déchiré sur plusieurs points, où le mur, mis à nu, portait l'empreinte des balles, des éclats de canon de fusil, et même des vis, qui l'avaient récemment endommagé.

L'auteur du rapport donne ici la description de la machine infernale et quelques détails topographiques sur la maison du boulevard, n° 5o. Il continue ainsi :

Pendant que les caves et les appartemens de cette maison étaient parcourus et soigneusement explorés dans toutes leurs parties, les agens de police et les gardes nationaux pénétraient dans la cour intérieure, et quelques voisins, attirés par le bruit aux fenêtres de leurs logemens qui donnaient sur cette cour, observaient ce qui s'y passait.

Au moment où la détonation venait de se faire entendre, leur attention fut excitée par la fumée qui s'échappa tout-à-coup de la fenêtre de la cuisine du troisième étage de la maison n° 5o. Presque aussitôt un homme, couvert de sang, blessé au visage, en chemise et n'ayant pour tout vêtement qu'un pantalon de toile écrue, suivant un témoin ; suivant un autre, revêtu d'une blouse vert-maron ; et portant, suivant un troisième, un habit-veste et un pantalon grisâtre, parut à cette fenêtre, se saisit de la double corde qui s'y trouvait suspendue, et se laissa glisser jusqu'au niveau d'un petit toit qui longe le second étage de la maison n° 52. Là, il s'élança pour gagner ce toit ; et, selon toute apparence, le mouvement qu'il imprima à la corde en la quittant, fit tomber un pot de fleurs qui se brisa dans sa chute. A ce bruit, un agent de police, qui faisait le guet dans la cour, leva les yeux et s'écria : « Voilà l'assassin ! voilà l'assassin qui se sauve par le toit ! » Un garde national, qui était accouru, somma le fugitif de se rendre, et le menaça de tirer sur lui s'il s'y refusait. Celui-ci, sans se déconcerter, écartant de sa main droite (car sa main gauche était blessée) le voile de sang qui se répandait sans cesse sur ses yeux, après avoir tenté vainement de pénétrer dans le magasin du sieur Chimène, marchand de rubans, dont la fenêtre était la première qui se présentait à lui sur le toit, gagna celle de la cuisine du même appartement, et posant ses deux mains sur l'appui de pierre de cette fenêtre qui était ouverte, sauta, en se retournant, dans cette pièce.

La dame Gomez, belle-sœur du sieur Chimène, dont elle soignait les enfans en l'absence de leur mère, effrayée par l'explosion, venait d'abandonner à l'instant la croisée d'où elle assistait à la revue, pour se réfugier dans la cuisine. En s'avançant vers cette pièce qui s'ouvrait, sur le couloir d'entrée, par une porte vitrée, la dame Gomez aperçut un homme tout en sang qui s'y élançait par la fenêtre. Eperdue à ce spectacle, elle se précipita, échevelée, vers la porte de l'appartement, en jetant des cris et appelant au secours. Le fuyard hâta sa marche, poussa rudement la dame Gomez et lui dit : « Laissez-moi passer ! », en essuyant le sang qui l'aveuglait et l'empêchait de diriger ses pas. Il descendit rapidement l'escalier : partout, après lui, des traces de sang indiquaient son passage ; mais il arriva trop tard dans la cour pour pouvoir s'enfuir. Un garde national veillait sur l'issue de la maison du côté de la rue des Fossés-du-Temple ; le capitaine Boquet avait les yeux sur l'autre issue : un agent de police survint, le fugitif fut arrêté et conduit au poste du Château-d'Eau. De toutes parts on l'assaillit dans sa marche ; l'horreur qu'avait inspirée le crime dont on le supposait l'auteur, exaspérait toutes les âmes : sa vie dut être laborieusement défendue par ces mêmes braves gardes nationaux dont le sang venait d'être répandu avec tant d'inhumanité et de dédain.

M. le rapporteur se livre à quelques réflexions pour affirmer que jamais instruction plus complète n'a été offerte à des juges, et que la netteté des aveux a permis de suivre pied à pied la préméditation du crime, et de vérifier les circonstances qui se rapportent à son exécution.

Dans la chambre où se trouvait la machine infernale, continue M. le rapporteur, il y avait une alcove, et dans cette alcove, un matelas plié en deux. Sur l'un des coins de ce matelas on lisait *Girard* : c'était le nom du locataire de l'appartement. Girard habitait la maison depuis quelques mois ; le portier a dit qu'il y était entré vers la fin d'avril ; selon le locataire lui-même,

il s'y serait établi le 8 mars. Il n'avait point garni son logement
de meubles; aussi avait-il payé un demi-terme d'avance, et ce
demi-terme se montait à 37 fr. 50 c. Il avait acquitté l'autre
demi-terme à la fin de juin ou au commencement de juillet.
Girard (c'était là le nom sous lequel il s'était fait connaître dans
la maison) disait qu'il venait du midi, et qu'il attendait pour se
meubler l'arrivée de sa femme et de ses enfans, qui, selon l'une
de ces versions diverses, résidaient en Normandie. Il se donnait
pour mécanicien, et se vantait de ses connaissances en géométrie.
Quand il sortait, il emportait toujours la clef de son appartement.
Jamais la portière n'est entrée chez lui : il n'y avait reçu qu'un
seul homme, qu'il prétendait être son oncle, et trois femmes
qu'il disait être ses bonnes amies. Néanmoins, selon quelques
dépositions, le 26 juillet, à onze heures et demie du soir, un
jeune homme nommé Victor serait resté quelque temps avec lui,
et serait venu le demander encore le lendemain 27.

Girard, le 28 juillet, se tenait sur le boulevard, il allait et
venait, il montait et descendait, il entrait au café et en sortait;
contre son habitude, il y but un verre d'eau-de-vie. On battait
aux champs qu'il était encore dans l'allée, il ne rentra dans sa
chambre que peu d'instans avant l'explosion. En rentrant il avait
rencontré la fille du portier qui sortait avec les enfans de la
maison pour aller voir la revue, et il lui dit : « Vous allez donc voir
passer votre roi ? » Il alla chez un de ses voisins allumer une chandelle qu'il portait dans un bougeoir en cuivre; il lui dit qu'il
allait se faire la soupe.

Girard, immédiatement après son arrestation, fut conduit
au poste du Château-d'Eau. Il était horriblement mutilé et ne
pouvait parler qu'avec une extrême difficulté. Arrivé au corps-de-
garde, un garde national lui demande : « Qui êtes-vous? — Cela
ne vous regarde pas! répondit-il avec assurance; je le dirai quand
je serai interrogé. » On le fouille : on trouve sur lui un fouet ou
fléau, à manche de bois, portant trois branches composées de
lanières en cuir tressé, garnies à leur extrémité de fortes balles
de plomb; une paire de besicles en acier, dans son étui en
maroquin; une pièce de 5 fr., et 1 fr. 6 sous 3 liards en menues
pièces de monnaie; un couteau à plusieurs lames; de la poudre à
tirer fine, enveloppée dans du papier et pouvant équivaloir à la
valeur de quatre cartouches. Interpellé pour quel usage il réser-
vait cette poudre, « Pour la gloire! » sont les seuls mots qui sor-
tent de sa bouche. Son esprit se trouvait assez présent pour qu'il
trouvât moyen de dérober à tous les regards un poignard dont il
était armé, et de s'en débarrasser en le jetant furtivement sous le
lit de camp du violon du poste du Château-d'Eau, où il a été
retrouvé long-temps après.

Une heure ne s'était pas écoulée et Girard subissait déjà son
premier interrogatoire. On l'avait ramené dans la maison n.° 50

du boulevard du Temple, au premier étage : il put dire son nom, sa demeure, sa profession de mécanicien. On lui demande : Combien étiez-vous? A plusieurs reprises, il lève un seul doigt. — Quand avez-vous commencé cette machine? Il montre deux, trois, quatre, cinq doigts. — Est-ce des jours ou des semaines? Il répond : Cinq semaines. — Qui vous avait donné cette idée-là? — Moi-même. — Qui vous a commandé cet attentat? — En se frappant sur la poitrine, il répète : Moi-même. — Vouliez-vous tuer le roi? Il fait un signe affirmatif, et tombe dans un état de faiblesse qui ne lui permet plus de répondre, même par signes, aux questions qui lui sont adressées.

Le même jour, vers six heures du soir, il est interrogé de nouveau à la Conciergerie, où on l'avait transféré : mêmes déclarations et même silence relativement à ses instigateurs et à ses complices.

L'interrogatoire fut suspendu pendant trois quarts d'heure. Quand on lui demanda de nouveau s'il avait des complices, on crut comprendre qu'il voulait faire entendre par ses signes que *oui* ; mais il ne voulait nommer personne. Il déclara ensuite qu'il se nommait Jacques Girard, qu'il était de Lodève, et que sa femme et son fils y étaient.

Le juge lui ayant représenté l'énormité de son crime, Girard s'écria : « Je suis un malheureux ! je suis un misérable !.... je ne puis rien espérer ! je puis rendre service.... nous verrons.... j'ai du regret de l'avoir fait ! » M. le garde des sceaux était présent, et joignit ses exhortations à celles du juge pour engager le prévenu à dire toute la vérité. Le prévenu ne répondit à ces interpellations diverses et multipliées que par ces paroles entrecoupées et par d'autres semblables : « J'arrêterai peut-être quelque chose... je ne nommerai personne... je ne vendrai personne... mon crime a été plus fort que ma raison.... » Comme on lui demanda si les publications politiques, si les journaux n'avaient point contribué à égarer son esprit et à l'exciter au crime, il répondit d'abord : « Pas trop ! » Par réflexion il ajouta : « Oui. » Ensuite il dit avoir été fanatisé. Il parla des événemens de la rue Transnonain et de ceux de Lyon.

M. le rapporteur s'engage ici dans une assez longue discussion sur la déposition du témoin Martin, entrepreneur de bâtimens, qui déclare avoir vu trois hommes à la croisée quelques minutes avant l'explosion ; mais il conclut que, malgré cette déposition, rien ne saurait établir la présence de plusieurs personnes dans la chambre de Fieschi au moment où le feu a été mis à sa machine.

L'instruction parle ensuite du malheureux Baraton, qu'on aurait suivi à la trace du sang et qui n'a été reconnu innocent qu'après une détention prolongée. Elle établit aussi avec quelque certitude la présence d'hommes armés et mal intentionnés sur toute la ligne des boulevards, et principalement aux environs du boulevard du Temple.

Bientôt, poursuit M. le rapporteur, on vint à connaître plusieurs circonstances qu'il devenait important de vérifier. D'abord, quand Girard s'était présenté chez le portier de la maison située boulevard du Temple, n° 5o, pour y chercher un logement, il était accompagné d'un homme qui paraissait âgé d'une soixantaine d'années, qu'il appelait son oncle, et qui, au moment de la location, s'était porté son répondant. Ensuite Girard était souvent visité par trois femmes qu'il disait être ses bonnes amies : l'une signalée comme borgne ou louche, et blanchisseuse de fin ; l'autre brune, et ordinairement vêtue d'habits de deuil ; et la troisième, qui se disait Lyonnaise, et qui portait ordinairement un chapeau. On disait qu'un jeune homme appelé Victor était venu le voir une ou deux fois, la veille et l'avant-veille de l'événement. Enfin, trois ou quatre jours avant le 28 juillet, il était arrivé pour lui une malle, lourde, grande, qu'il avait prétendu lui venir de sa femme. Le 28 juillet au matin, jour de l'attentat, il avait lui-même fait emporter cette malle.

M. le rapporteur place ici de longs détails sur la malle dont il vient d'être parlé, et sur les circonstances de la construction de la machine. Ce furent les recherches faites pour retrouver cette malle qui amenèrent la découverte du véritable nom du prétendu Girard, et de la complicité présumée de Morey.

Ce fut le 3 août 1835 que la malle fut trouvée dans la rue de Long-Pont, n° 11 ; elle était dans un cabinet, au quatrième étage, en la possession d'une jeune fille privée d'un œil, et qui a dit se nommer Nina Lassave.

Au moment où les agens de police étaient entrés chez Nina Lassave, cette fille avait laissé apercevoir l'intention de se détruire ; il fallut employer la force pour prévenir l'effet de son désespoir. Elle tira de son corset une petite enveloppe renfermant un petit carré de papier sur lequel on lut ces paroles : « Vous « êtes prié de ne plus aller voir Nina ; elle n'existera plus dès ce « soir. Elle laisse dans sa chambre la chose dont elle était déposi-« taire ; voilà ce que c'est de l'avoir si vite abandonnée. Adieu ! « après ma mort arrivera ce qui pourra. » La fille Lassave convint que la malle avait été apportée chez elle le 3o juillet par le commissionnaire Dubromet, qu'elle reconnut. Elle avoua que le commissionnaire n'était pas venu seul ; mais elle dit d'abord qu'il était accompagné d'un monsieur qu'elle ne connaissait pas. Ce ne fut qu'après l'avoir éclairée sur l'intérêt qu'elle avait à dire la vérité, qu'on triompha de ses dénégations, et qu'on obtint d'elle l'aveu que c'était Morey qui avait fait porter la malle chez elle, qu'il lui avait dit de la garder, et que c'était à lui qu'était destiné le billet dont on vient de faire mention. Cependant elle prétend avoir perdu de vue Morey depuis long-temps et n'avoir eu avec lui aucune relation récente.

Le rapport continue en faisant connaître les diverses dépositions de la fille Nina Lassave.

On avait appris que, le 26 et le 27 juillet, elle était venue

demander dans son logement le prétendu Girard, et elle lui avait
parlé; le même lundi, elle avait dit à la femme Roux et à la fille
Beauvilliers, deux personnes qui comme elle habitaient l'hôtel de
la Salpêtrière, qu'il pourrait bien se passer quelque chose à la
revue. Elle avoue qu'elle avait répété ce que Fieschi lui avait dit,
qu'il y aurait peut-être du bruit; qu'on demanderait l'amnistie;
que si elle était accordée, on crierait *vive le roi !* mais que, si
elle était refusée, on se battrait. Comme on lui dit qu'on ne
croyait pas à ce bruit, elle répondit : « On ne sait pas! »

Elle sortit le mardi 28 pour aller à cette revue avec la femme
Roux. A mesure qu'elles approchaient de la rue du Pont-aux-
Choux, elles apprirent ce qui venait de se passer. La fille Nina
saisie, agitée, se mit à courir vers la rue Basse, mais elle ne
tarda pas à venir retrouver la femme Roux; elles continuèrent
leur route vers le Jardin-Turc. A la hauteur de la rue d'Angou-
lême, la fille Lassave traversa le boulevard entre un régiment de
cavalerie et la 8ᵉ légion de la garde nationale, et disparut.
Elle ne revint à l'hospice que vers trois ou quatre heures de
l'après-midi; elle y arriva en nage et toute tremblante. Elle dit
à la femme Beauvilliers qu'elle était fort malheureuse. Interrogée
s'il fallait attribuer son trouble à la catastrophe dont elle avait été
presque témoin, elle répondit que ce n'était pas la cause de son
chagrin, mais qu'elle en avait beaucoup. Elle tremblait si fort
qu'elle ne put jamais parvenir à dénouer son bonnet. La fille
Beauvilliers crut qu'elle avait perdu sa mère. La fille Lassave ne
répondit point à ses questions, et après avoir changé de vêtemens,
elle disparut pour ne plus revenir.

Il résulte d'une autre déposition de cette fille que le 26 juillet,
étant venue chez Fieschi, elle le trouva seul chez lui. Elle aperçut
dans la chambre qui donne sur le boulevard une machine qu'elle
prit pour un métier : c'étaient quatre morceaux de bois montés
en carré et retenus par des traverses; elle croit pouvoir affirmer
qu'il n'y avait pas de barres de fer. Elle demanda à Fieschi ce qu'il
voulait faire de cet appareil; il lui répondit que c'était un métier
pour fabriquer des cardons. A quelques observations qu'elle lui
fit sur les dépenses où l'entraîneraient de semblables entreprises,
il répondit : « Cela ne te regarde pas, ce ne sont pas des affaires
« de femme : quand je me mêle de quelque chose, je sais bien ce
« que je fais. » Dès le mois d'avril, elle avait vu dans la même
pièce des morceaux de bois rangés contre le mur; elle a la
conviction qu'ils ont servi à la construction de la machine.

Le 26 juillet, Fieschi recommanda à Nina Lassave de ne pas
venir à Paris pendant les fêtes, parce qu'il y aurait des troubles,
et qu'il aimait autant qu'elle n'y fût pas; il la prévint en outre
que sa porte lui serait fermée si elle se présentait. Il avait l'air
soucieux et préoccupé; elle lui en fit la remarque; il lui répondit
qu'il était dans une mauvaise position; que d'ailleurs il ne voulait

entendre aucune question sur ce sujet. La fille Lassave lui demanda s'il craignait d'être arrêté. « Ce n'est pas ce qui m'inquiète, lui dit-il; j'ai d'autres affaires qui ne te regardent pas; ainsi, ne me questionne pas plus long-temps. » Plus tard, il lui répéta de ne pas venir le lendemain, en lui promettant de l'aller voir, s'il le pouvait, vers midi. Elle, qui ne comptait pas sur l'exécution de sa promesse, vint à sa porte, et pria la portière de lui dire, quand elle le verrait, qu'il pourrait la trouver rue Meslay, n° 65, chez une de ses amies. La portière lui apprit que Girard était dans sa chambre avec son oncle; que ce vieux monsieur ne le quittait pas, et qu'ils avaient défendu qu'on laissât monter personne.

La fille Lassave n'ayant pas trouvé son amie, poussée par une secrète inquiétude ou par la curiosité, revint rôder autour du logis de Fieschi. A quelque distance de sa demeure, elle l'aperçut attablé avec Morey, sous la tente d'un café; ils buvaient ensemble de la bière. Fieschi, qui de son côté aperçut Nina, vint à elle sur le boulevard, laissant Morey à table; il s'excusa de n'être point allé la chercher la veille; et la conduisit dans l'allée de sa maison, où ils causèrent très-peu de temps ensemble; il lui répéta qu'il ne pouvait la faire monter chez lui, et la congédia. La figure de Fieschi était encore plus sombre qu'auparavant. A trois heures, il alla rejoindre la fille Lassave chez une de ses amies, où il lui avait donné rendez-vous; mais, à peine arrivé, il voulait s'en aller. Elle le pria d'attendre un instant, afin qu'elle pût sortir avec lui : jamais il n'avait montré tant d'impatience; sa physionomie était décomposée. Dès qu'il eut fait quelques pas avec ces femmes, il s'éloigna précipitamment, après avoir dit à la fille Lassave : « J'irai te prendre demain à la Salpêtrière; tu m'attendras vers midi. » En se retournant, elle remarqua qu'il s'était tout-à-coup arrêté. « Il nous regardait nous en aller, » dit-elle. Ce regard était, dans sa pensée, comme un dernier adieu : c'était, en effet, le moment où la fille Lassave voyait Fieschi pour la dernière fois.

Le lendemain, en apprenant qu'on venait de tirer des coups de fusil sur le roi, du 3ᵉ étage d'une maison attenante au café des Mille-Colonnes, un affreux pressentiment s'empara d'elle; l'air égaré de Fieschi, le soin qu'il avait mis à l'empêcher de monter chez lui depuis deux jours, ne lui permirent presque plus de douter qu'il ne fût l'auteur du crime.

Arrivée sur les lieux, on lui montra la fenêtre d'où étaient partis les coups; elle la reconnut pour celle de Fieschi; on disait qu'il avait été tué. La tête de Nina Lassave se perdit. Abandonnée par sa mère depuis long-temps, Fieschi était son seul soutien. L'énormité du crime qu'il venait de commettre la glaça d'effroi : la crainte d'être poursuivie comme sa complice, parce qu'elle était sa maîtresse, s'empara d'elle. Ne se croyant plus en sûreté là où elle était connue, elle se hâta d'aller recueillir ce qu'il lui restait encore à la Salpêtrière, et vint se réfugier auprès d'une de ses amies, chez laquelle elle passa la nuit. Dénuée de toutes ressources, elle chercha à mettre à profit un avis que Fieschi lui avait donné au mois d'avril : à cette époque se croyant apparemment menacé de quelque péril imminent, il lui avait dit que si elle venait à le perdre, elle pourrait s'adresser à son ami intime, le sieur Pepin, qui aurait soin d'elle. Elle courut chez Pepin avec empressement : il était absent. Mme Pepin la reçut avec froideur, et lui répondit sèchement qu'elle ne connaissait ni Fieschi ni Girard. Alors elle se décida à recourir à Morey, qu'elle avait vu venir souvent chez Fieschi, au moulin de Croullebarbe : c'était, après Pepin, le seul ami qu'elle connut à Fieschi. Arrivée à sa maison, rue Saint-Victor, 23, elle y trouva Morey et l'aborda toute en pleurs. Il est impossible d'abréger le dialogue qui eut lieu entre ces deux personnes ; nous le reproduirons : « Eh bien ! qu'est-ce qu'il y a donc? lui dit Morey. — Vous le savez tout aussi bien que moi. — C'est donc Fieschi qui a tiré le coup ? Est-il mort ? — On dit que oui : vous étiez avec lui lundi ? — Non ; je suis sorti, mais je n'étais pas avec lui. — Pourquoi cherchez-vous à me le cacher ? je vous ai vu de mes propres yeux ; vous étiez dans un café, sur le boulevard, avec Fieschi. — Oui, c'est vrai. » Elle exposa alors à Morey toute l'étendue de son malheur ; ses sanglots étouffèrent ses paroles. Après une pause de quelques minutes, il lui dit : « Montez à la barrière du Trône, vous m'y attendrez, et je vous parlerai. »

La fille Lassave se rendit sur-le-champ au lieu indiqué ; Morey ne se fit point attendre. Ils étaient à portée de la manufacture de papiers peints de Lesage ; Fieschi y avait travaillé sous le nom de Bescher, pendant qu'il se dérobait aux recherches de la police. Morey quitta un instant la fille Lassave pour aller, disait-il, remettre à Lesage le livret du véritable Bescher et son passeport, qui, ainsi que nous aurons lieu de l'exposer plus loin, avait été prêté à Fieschi, suivant toute apparence, pour favoriser sa fuite. Quand Morey fut de retour, il fit entrer la fille Lassave chez un marchand de vin traiteur, à gauche, hors de la barrière ; ils se mirent à table, et Morey dit à la fille Lassave : « Vous ne savez rien? — Je ne sais que ce qui n'est ignoré de personne. Quel malheur est arrivé ! Il y a eu beaucoup de victimes. On dit que ce général Mortier était si bon ! — C'était une canaille comme les autres. — C'est bien mal s'y prendre ; pour tuer une personne, vous en avez tué cinquante. Moi, qui ne suis qu'une femme, si j'avais voulu tuer Louis-Philippe, j'aurais pris deux pistolets, et après avoir tiré dessus, je me serais tuée. — Soyez tranquille ; il ne perdra rien pour attendre, et il descendra la garde ; Fieschi est un imbécile ; il a voulu se mêler de charger trois fusils, et ce sont ceux-là justement qui ont crevé; c'est moi qui ai chargé tous les autres. J'avais recommandé à Fieschi de bien charger son pistolet, et il devait se brûler la cervelle; ce n'est qu'un bavard; il a dit en certains endroits qu'il y aurait du bruit le jour de la revue; il a eu tort.... J'ai une malle à vous remettre, elle est chez un de mes amis; je n'ai pas voulu l'avoir chez moi, elle aurait pu me compromettre. Je vais vous la faire envoyer tout de suite; vous la ferez ouvrir par un serrurier; vous verrez ce qu'il y a dedans; mais vous ne vendrez rien à Paris.... Je vous procurerai, le plus tôt que je pourrai, 60 fr.; vous emporterez la malle; vous partirez pour Lyon, où vous pourrez sans danger vous débarrasser des effets de Fieschi.... Je m'en vais vous procurer une chambre, et j'aurai soin de vous jusqu'au moment de votre départ. — Comment Fieschi, qui n'était pas mécanicien, a-t-il fait pour arranger cette machine comme cela? — C'était moi qui avais tracé le plan; il n'y a qu'un instant que je l'ai déchiré, sans cela je vous l'aurais encore montré. » Morey ajouta que les fusils étaient bourrés de manière à ne pas manquer leur coup, mais que Fieschi avait mis le feu trop tard. Il avoua avoir passé avec Fieschi une partie de la nuit du 27 au 28; mais il dit que Fieschi était seul au moment décisif, qu'il avait voulu être seul. Morey dit encore à la fille Lassave: « C'est bien malheureux que l'affaire n'ait pas réussi! Si elle avait réussi, vous seriez devenue bien riche; vous auriez au moins 20,000 francs maintenant. On aurait fait une souscription pour Fieschi; elle aurait été bientôt remplie: c'était chose convenue. »

Le lendemain Morey apporta la malle dans le nouveau domicile de Nina. Il lui dit que, dans deux ou trois jours, il lui apporterait 60 fr. pour qu'elle pût se rendre à Lyon où était son frère. Elle se plaignit de ce procédé. « Ce n'est pas cela, lui dit-elle, que vous avez promis à Fieschi; car vous lui avez promis d'avoir soin de moi, et quand vous m'aurez donné ces 60 fr. vous serez débarrassé de moi. » Pour la tranquilliser, Morey lui promit de la faire revenir à Paris aussitôt qu'il n'y aurait plus aucune rumeur à craindre. Revenu le soir, Morey prit dans la malle quelques livres et un carnet vert, à dos rouge, dans lequel se trouvaient diverses adresses et notes de Fieschi. L'agenda a été retrouvé dans la fosse d'aisances de Morey.

En cet endroit du rapport se trouve la biographie de Virginie Lassave.

Virginie ou Nina Lassave est une jeune fille de dix-neuf ans, née à Cette, de Louis-Joseph Lassave, receveur aux déclarations des douanes, et de Laurence Petit, née à Balaruc. Elle perdit son père de bonne heure, et sa mère ne tarda pas à contracter une nouvelle union avec François Abot, négociant en rouenneries, établi à Lyon. Le mari et la femme furent traduits ensemble devant la cour d'assises du département du Rhône, et

condamnés pour crime de banqueroute frauduleuse. La santé de la fille Nina fut long-temps languissante. Une maladie d'enfance l'a privée de trois doigts de la main droite, et probablement de l'usage de l'œil qu'elle a perdu. Fieschi assure s'être attaché à elle à cause des soins qu'elle lui avait prodigués durant une dangereuse maladie. L'instruction d'où résultent tous ces faits nous apprend que, dans un épanchement de confiance, la fille Lassave aurait laissé échapper le déplorable aveu que ses relations avec Fieschi étaient l'ouvrage de sa mère.

Quand la passion de Fieschi pour la fille Lassave eut éclaté, Laurence Petit fit admettre sa fille à la Salpêtrière; elle y fut reçue comme indigente et infirme, et placée au service de la dame Sornet, marchande mercière. Fieschi continua à lui témoigner un vif attachement; elle passait avec lui et chez lui les journées du dimanche, mais elle n'y demeurait jamais la nuit, parce que la règle de la maison qu'elle habitait voulait qu'elle fût rentrée à neuf heures du soir. Il fournissait à son entretien et lui donnait souvent quelque argent.

Fieschi entretenait des relations avec deux autres femmes, Annette Bocquin et Marguerite Daurat. C'est une de ces femmes, Marguerite, qui, conduite chez Fieschi par Nina, a vu au-dessus de la cheminée un poignard dans un fourreau vert, auquel était attaché un cordon de même couleur. Dans une promenade qu'il fit plus tard avec elle, Fieschi lui confia que ce poignard ne le quittait jamais : c'est ce que répètent un grand nombre de témoins entendus dans l'instruction. Fieschi portait ce poignard le jour de l'attentat.

M. le rapporteur arrive maintenant aux faits qui concernent l'accusé Boireau.

Boireau était ouvrier chez le sieur Vernet, fabricant, rue Neuve-des-Petits-Champs, et il avait, à ce qu'on disait, reçu la visite de plusieurs conjurés richement vêtus. Après leur départ, il aurait dit à un commis présent à l'entrevue : « Prenez garde à « vous, vous êtes mort si vous dites un mot! Je veux bien vous « dire d'engager votre père à ne pas aller à la revue. Vous êtes « le seul en-dehors de la conjuration qui en ayez vent; s'il « m'arrive quelque chose, vous périrez de la main des conjurés. » Le père du commis, informé de ce propos, en instruisit le commissaire de police Dyonnet, qui l'écrivit aussitôt à M. Gisquet. Néanmoins Boireau ne fut arrêté qu'après l'attentat.

Le 30 juillet, Fieschi, qui était encore Girard aux yeux des interrogateurs, ne changea point de système. Il déclara qu'il était bien fâché de ce qu'il avait fait, et qu'il ne l'aurait pas fait s'il n'avait pas bu un verre d'eau-de-vie dans le café de sa maison; qu'il était très-content de n'avoir pas tué le roi, et que, quand il serait sur l'échafaud, il dirait au roi des choses qu'aucun autre que lui ne pourrait dire. Il ajouta qu'à l'avenir le roi pouvait se

tenir tranquille ; qu'ils y regarderaient à deux fois ; que d'ailleurs
il ne se trouverait pas facilement un homme comme lui : *les
complices comme cela sont bien rares.* Mais il refusa d'indiquer
qui l'avait poussé au crime, et de désigner ses complices. Il
soutint que c'était à lui que la pensée en était venue, que c'était
une *idée folâtre ;* qu'il ne parlerait pas pour obtenir sa grâce,
mais qu'il y viendrait pour être utile ; qu'il avait des sentimens
patriotiques, quoiqu'il eût commis un grand crime ; que si, pour
l'espoir de sauver sa vie, il faisait des victimes dans ses amis, ce
serait un crime plus horrible que celui qu'il avait commis ; que
s'il avait dit qu'il avait des complices, il ne pouvait rien affirmer ;
qu'il avait agi comme un homme égaré qui donne un coup de
hache à un autre homme qui est devant lui ; enfin, qu'il ne
nommerait personne. Il ajoutait qu'il était sûr de sa condamnation.

Au reste, il affirma qu'il était seul dans sa chambre au moment
de l'attentat, et qu'il ne connaissait ni Boireau ni Baraton ; mais,
loin de démentir sa première fable, il la confirma. Il laissa
entendre, et dit même explicitement, qu'il était de Lodève ; qu'il
y avait sa femme, qu'il était malheureux d'avoir des enfans, et
que ses enfans étaient bien malheureux d'avoir un père comme
lui ; qu'au reste, ils avaient des métiers, et que lorsque son
affaire serait faite, ils travailleraient aux draps à Lodève.

Le 31 juillet, nouvel interrogatoire. Le même système de dénégation continue. Il nie avoir acheté les canons de fusil chez Bury ;
il affirme les avoir trouvés de côté et d'autre. Toute question
l'importune. « Il ne m'est dû que la mort ; je ne puis nommer
« personne ; faites-moi juger bien vite ; vous verrez ma loyauté
« et si je sais tenir un serment. »

L'instruction rend compte de la confrontation de M. Lavocat avec
l'accusé : c'était à lui qu'il était réservé de triompher de son silence.
Ensuite M. le rapporteur expose rapidement la vie de ce coupable.

Il existe à Vico, en Corse, ou dans les environs de ce bourg,
deux familles, d'origine italienne, venues de Rome ou de Gênes,
mais établies dans l'île de temps immémorial. L'une porte le nom
de *Fieschi,* l'autre celui de *Guelfi :* ces familles se sont plusieurs
fois alliées.

Louis, dit *Petusecco,* fils d'Ignace Guelfi, berger de profession,
domicilié à Renno, canton de Vico, se maria deux fois. Il eut
de sa première femme, Lucie Gentile, de la commune de
Rapalle, trois enfans, savoir : deux fils et une fille. Ses fils furent
nommés, l'un Jacques-Toussaint et l'autre Joseph (c'est l'auteur
de l'attentat) ; la fille eut nom Marie. Après la mort de Lucie
Gentile, Louis épousa Xavière Casalta, de laquelle il n'eut qu'un
seul enfant, sourd et muet, nommé Antoine.

On ignore par quel motif Louis Guelfi, dit *Petusecco,* quitta
le nom de son père pour prendre celui de sa mère : ce qui est
certain, c'est qu'il se fit appeler Fieschi. Par arrêt de la cour de

justice criminelle du département du Golo, il fut condamné, le
30 thermidor an 12, à six ans de détention avec exposition, pour
s'être rendu coupable d'un vol de nuit, en faisant partie d'une
bande qui ravageait plus particulièrement la ville de Bastia et
ses environs, et qui s'était rendue fameuse en Corse sous le nom
du brigand Martin Pietri, son chef; il subit sa peine dans la
maison centrale d'Embrun et y mourut le 8 mars 1808.

Joseph Fieschi a été baptisé à Murato, le 3 décembre 1790,
sous les noms de Joseph-Marie. L'extrait baptistaire ne porte
point la date de sa naissance; ses parens y sont seulement nommés Louis et Lucie, l'usage étant alors en Corse de ne désigner
les personnes dans de tels actes que par leurs prénoms.

Tant qu'il demeura en Corse, Joseph fut berger comme son
père. A l'âge de 18 ans, il s'engagea dans un bataillon qui allait
en Toscane au service de la grande-duchesse Elisa Napoléon. La
troupe dont il faisait partie fut envoyée à Naples et y fut incor-
porée dans la légion corse.

Fieschi a fait la campagne de Russie. C'est en Pologne, à la
fin de 1812, qu'il fit connaissance avec M. le comte Gustave de
Damas, alors aide-de-camp de M. le maréchal duc de Dalmatie.
Fieschi était, à cette époque, sergent dans un régiment que
commandait le général Franceschetti. Il déclare que, dans une
affaire qui eut lieu à Polosk, pendant la retraite de Russie, il fit
sous les ordres de M. Gustave de Damas une action vigoureuse,
dont il paraîtrait que cet officier n'a jamais perdu le souvenir.
La légion dans laquelle servait Fieschi fut cédée plus tard au roi
de Naples; il passa au service de ce prince le 14 avril 1813. Il
s'y fit remarquer par une adresse et une subtilité remarquables.
Un certain esprit d'intrigue et une grande hardiesse d'exécution
le distinguaient. « C'était à Fieschi qu'on recourait, dit un de ses
compagnons d'armes, quand il y avait quelques prouesses à faire
ou quelques mèches à éventer. »

Le corps dont il faisait partie ayant été licencié à Ancône en
1814, après la paix, Fieschi reçut son congé à Macerata le
1er août. Aucun étranger ne pouvant être conservé dans l'armée
du roi de Naples, s'il ne se faisait naturaliser sujet napolitain,
Fieschi revint en Corse le 8 septembre. Il entra dans un corps
nommé le régiment provincial corse, que l'on composait alors,
dans cette île, de tous les militaires qui se trouvaient dans une
position analogue à celle de Fieschi.

Au mois de janvier 1815, Fieschi était sergent dans ce régiment, que commandait le colonel Monneret; il était décoré de
l'ordre royal des Deux-Siciles. Lorsque l'empereur Napoléon
revint de l'île d'Elbe, Fieschi fut commandé pour aller en détachement aux environs de Cervioni. Le bruit courut que, dans
l'incendie de la maison de Mme Cervoni, veuve du général de ce
nom, il s'était emparé d'un peigne de grande valeur qu'il avait

vendu pour une centaine de francs. Fieschi demeura dans le même régiment jusqu'après les cent-jours; à cette époque, ce corps fut dissous. Dans le même temps, M. le comte Gustave de Damas, poursuivi en France à cause de son dévouement à l'empereur, se réfugia en Corse. Fieschi eut occasion de le voir, et ses parens purent l'obliger. Le roi Joachim Murat était aussi venu chercher un asile en cette île : il s'efforça de rallier autour de lui quelques soldats. Le général Franceschetti, après lui avoir donné l'hospitalité, se dévoua à sa cause; Fieschi suivit son ancien colonel; ils firent voile ensemble le 28 septembre pour la Calabre. On sait la sanglante catastrophe qui termina cette aventureuse expédition. Fieschi fut fait prisonnier avec les débris de la petite armée du roi Joachim. Généraux, officiers, soldats, ils avaient tous été pris les armes à la main. On les considérait comme des rebelles; ils furent tous condamnés à mort. Ferdinand IV se refusa à l'exécution de cette rigoureuse condamnation; il ordonna qu'elle serait regardée comme non avenue à l'égard des soldats français qui faisaient partie de l'expédition. Ils furent mis à la disposition du roi de France.

Alors Fieschi retourna en Corse, au hameau de Néra, pour y revoir ses nombreux parens; il y fut précédé par une assez mauvaise réputation. Peu de temps après, il fut arrêté près de Bastia, comme prévenu d'avoir volé un bœuf dans un enclos; d'avoir falsifié la signature du maire d'Olonetta, et contrefait le sceau de cette commune. Un arrêt de la cour royale de Corse le condamna à dix ans de réclusion et à l'exposition. L'arrêt fut exécuté, et Fieschi fut transféré dans la maison de réclusion d'Embrun pour y subir sa peine : son écrou sur les registres de cette prison est à la date du 10 décembre 1816. Il s'y fit remarquer par son intelligence, et, au bout de deux ans, il capta la confiance des entrepreneurs du service, qui l'établirent contremaître de l'atelier des draperies. A ce titre, il était admis à circuler librement dans toute la maison. Durant la dernière année qu'il y demeura, il devint chef de cuisine de l'infirmerie. Il parlait souvent de son attachement à l'empereur, et se vantait sans cesse des services qu'il avait rendus à la cause impériale. Ceux qui avaient étudié son caractère, le représentent comme un homme opiniâtre, fier, orgueilleux, fort accessible à la flatterie, entreprenant, intéressé et peu susceptible d'un dévouement fanatique. Pendant le temps qu'a duré sa détention, la conduite de Fieschi a été bonne; il paraît n'avoir encouru d'autres punitions que celles qui lui ont été plusieurs fois infligées à cause des relations qu'il savait entretenir, malgré la vigilance des gardiens, avec Laurence Petit, veuve Lassave, femme Abot, alors détenue comme lui et condamnée à cinq ans de réclusion.

Fieschi fut mis en liberté, après l'expiration de sa peine, le 2 septembre 1826. Il partit d'Embrun pour se rendre à Vienne et y travailler de son état. Il faut cependant qu'il y soit demeuré bien peu de temps, puisqu'après avoir travaillé environ deux mois dans la fabrique de Villeneuvette, près de Lodève, il en sortit le 20 novembre 1826.

Fieschi fut renvoyé de cette manufacture parce qu'on avait appris qu'il était récemment sorti de la maison centrale de détention d'Embrun. Il se fit remarquer de ses camarades par l'ostentation de sa passion pour une femme qu'il disait se nommer *Émilie*, dont il montrait des lettres et le portrait qu'il ne quittait jamais. Il disait qu'elle était recluse pour l'amour de lui, et qu'il n'avait jamais pu la voir qu'à travers les grilles et les barreaux. C'était évidemment une allusion à ses relations avec Laurence Petit, qu'il déguisait sous plusieurs noms, comme il sut plus tard se déguiser lui-même.

Longue est la liste des endroits où Fieschi porta son industrie. Ce rapport le suit dans ce long voyage, et ne perd pas un instant de sa vie errante jusqu'en 1830, où de Lyon il vint s'établir à Paris.

Là Fieschi avait rencontré le général Franceschetti, son ancien compagnon d'armes et d'infortune, et celui-ci l'avait honorablement aidé de sa bourse et de son crédit. Il paraît qu'il le fit admettre dans la compagnie des vétérans employée à la garde de la maison de détention de Poissy. Fieschi se plaignit d'être à Poissy, loin de toutes ressources, et hors d'état d'utiliser son industrie; il voulait venir à Paris. Un huissier du cabinet du roi, ancien militaire lui-même, prit intérêt à la position d'un ancien militaire, son compatriote, qui, de plus, se présentait comme un de ces condamnés politiques que l'on admettait, à cette époque, non-seulement à réclamer des indemnités, mais des récompenses. Il recommanda Fieschi à un de ses amis qui connaissait M. le général Pelet; et ce fut, chose remarquable! à la demande de ce général qui devait être un jour une de ses victimes, que Fieschi obtint d'être incorporé dans la troisième compagnie de sous-officiers sédentaires, en garnison à Paris. Il retrouva, au mois d'octobre, M. Gustave de Damas, qui lui prêta aussi son appui.

À cette époque, Laurence Petit vint à Paris demander une pension à l'administration des douanes, en qualité de veuve du sieur Lassave; elle ne put l'obtenir, mais elle retrouva Fieschi. Ils se réunirent; c'est alors qu'*elle s'abaissa jusqu'à lui pour l'élever jusqu'à elle*. À la fin de 1830, ils étaient concierges de la maison n° 7, dans la rue de Buffon, près du Jardin-du-Roi.

M. Caunes, ingénieur des ponts et chaussées, inspecteur de l'assainissement et des travaux de canalisation de la Bièvre, vint se loger dans cette maison avec ses bureaux. Fieschi et la veuve Abot parvinrent à se faire employer tous deux à son service.

Une place de gardien du moulin de Croullebarbe étant venue à vaquer en 1831, à la demande et sur la recommandation du général Franceschetti, M. Caunes en pourvut Fieschi.

En 1831, Fieschi adressa une pétition à la commission des condamnés politiques, et, à l'aide de faux certificats, il obtint une pension de 550 fr.

Employé comme porteur au journal *la Révolution*, Fieschi se lia avec l'ancien chef d'escadron Lennox, et il fut dénoncé à M. le président du conseil et à M. le ministre de la guerre, comme facilitant les intelligences que MM. Lennox et Gustave de Damas cherchaient à nouer dans les régimens de la garnison de Paris, afin d'y propager l'esprit d'insurrection et de révolte qui venait de se manifester si malheureusement à Tarascon.

A cette même époque, Fieschi fut mis en rapport avec M. Baude, alors préfet de police, et celui-ci ne tarda pas à se convaincre que Fieschi avait une grande valeur pour certaines expéditions. Quand M. Baude quitta la préfecture de police, Fieschi vint le trouver, et lui dit : « Je suis Corse, je suis fier; je ne suis pas fait pour être un instrument ordinaire de la police, et je n'y retournerai pas. »

Le rapport nous représente Fieschi en temps de choléra donnant les soins les plus assidus à M. Caunes, et plus tard exerçant la profession de tisserand pendant les quelques instans qu'il dérobait à ses fonctions de gardien.

En 1834, M. Caunes nomma Fieschi chef d'atelier pour le dégrapillement du canal d'Arcueil; mais il le renvoya pour infidélité. Ce fut à cette époque que l'autorité commença à avoir des soupçons relativement aux certificats dont nous avons parlé plus haut : une procédure s'instruisit. Alors Fieschi conçut un grand mécontentement. Il disait que ses occupations étaient au-dessous d'un homme tel que lui; il ajoutait, d'un ton significatif, « qu'il ne souffrirait pas toujours, mais qu'avant de mourir!... » En toute occasion, il se montrait irrité contre le gouvernement, qui ne faisait pas assez pour lui. Quand il apprit que sa pension était supprimée, ou l'entendit dire que, « s'il arrivait quelque sédition, il serait le premier à pénétrer aux Tuileries pour assassiner le roi et les princes, et partout où il y aurait quelque chose à piller.»

C'est dans le courant de cette année et quand sa bonne fortune l'abandonnait, que Laurence Petit rompit ouvertement avec lui; elle l'accusait d'avoir fait violence à sa fille. Alors les liaisons de Fieschi avec la fille Nina Lassave devinrent plus intimes. Pour atténuer ce qu'elles avaient d'odieux, il faisait adroitement circuler que la fille Nina n'était que la fille adoptive de Laurence Petit. Ancien militaire, sans grade ni retraite, ouvrier sans occupation certaine; dépouillé de la pension qu'il avait usurpée; expulsé d'un domicile qu'il prétendait être le sien, par la femme qu'il avait choisie et qui s'était librement attachée à lui; possédé d'une passion violente pour une jeune fille qui joignait à l'inexpérience de son âge la légèreté de son caractère; sous le poids d'une inculpation grave et de poursuites judiciaires, Fieschi, pour comble de disgrace, au commencement de l'année 1835, se trouvait à la veille de perdre son dernier emploi et sa dernière ressource ; car, le 27 janvier, un arrêté du préfet du département de la Seine, en supprimant le poste de gardien du moulin de Croullebarbe, consomma sa ruine et détruisit ses dernières espérances. De si funestes auspices ont tenu ce qu'ils semblaient promettre.

C'est alors qu'on le rencontrait toujours soucieux, préoccupé et manquant d'argent ; c'est alors qu'il empruntait les noms d'*Alexis* et de *Bescher*, pour se dérober aux agens de la police qui le poursuivaient ; qu'il travaillait, en se cachant, à la manufacture de papiers peints de Lesage, près de la barrière du Trône ; qu'il demandait successivement à ses amis un asile où il pût reposer sa tête à la fin du jour, et du travail pour occuper ses mains et gagner son pain quotidien ; c'est alors que, tour à tour, il alla cacher ses nuits sans sommeil chez Boireau, chez Morey, chez Pepin. En ces jours de détresse, il ne sortait plus sans joindre au poignard qu'il portait toujours, le *fléau* redoutable dont il était encore muni dans sa fuite le 28 juillet, et à l'aide duquel il prétendait défier vingt assaillans.

Le 25 avril, une ordonnance de la chambre du conseil l'avait renvoyé devant le tribunal de police correctionnelle pour délit d'escroquerie, et, le 30, un mandat d'arrêt fut lancé contre lui.

Cependant, à mesure que le ressentiment fermentait dans son cœur, la pensée du crime s'emparait de son esprit ; il s'efforçait de donner un corps à ses projets de vengeance. Vous verrez qu'il conçut, dès le mois de janvier, le plan de la machine infernale. Sans conviction et même sans passions politiques, il aurait été disposé à les exploiter toutes à son profit.

M. le rapporteur reprend ici le détail des efforts faits auprès de l'accusé, à la Conciergerie, pour l'amener à des révélations.

Durant les premiers jours de sa détention à la Conciergerie, Fieschi se plaignait des soins qui lui étaient prodigués. « Ce n'était pas la peine de le déranger si souvent et de le fatiguer si péniblement pour en finir par la guillotine. » Quand on lui recommandait de prendre patience : « Autant vaut mourir aujourd'hui que demain, » répondait-il. Si on l'exhortait à dire la vérité, il s'écriait : « Quand j'aurai parlé, on ne m'en coupera pas moins la tête. » Une fois il demanda un prêtre, et dit qu'il avait besoin de se confesser. En d'autres instans, il paraissait ressentir de grands remords ; il donnait à entendre que, quand il serait mieux, il écrirait au roi, et quoiqu'il prétendît être descendant des Romains, ce qui l'avait déterminé, disait-il, à servir en Italie plutôt qu'en France, il paraissait appréhender la mort, et il répétait souvent : « J'agirai comme on agira envers moi. » Peu à peu ses forces revinrent et sa santé se rétablit.

Cependant l'interrogatoire de Fieschi, qui suivit ses premiers entretiens avec M. Lavocat, fut encore rempli de dénégations et de réticences.

M. le président dut l'interroger d'abord sur ses relations avec Boireau, qui avait paru si bien informé, le 27 juillet, du lieu où devait se commettre l'attentat du lendemain, et de sa nature; ensuite sur ses ressources pécuniaires et sur les frais qu'il avait dû faire pour établir la machine infernale; enfin, et par voie de conséquence, sur ses relations avec Morey et Pepin.

Fieschi ne fut ni franc ni explicite à l'égard de Boireau : il prétendit n'avoir cherché qu'une fois et dans le courant de juillet un asile nocturne chez ce jeune homme; il soutint avec fermeté que Boireau n'avait eu aucune connaissance de ses projets; il prétendit, pour justifier sa dénégation, qu'il se serait bien gardé de se confier à un jeune homme ivrogne et parleur. Il a nié également qu'un jeune homme fût venu chez lui après onze heures du soir, le dimanche 26 juillet; et comme M. le président insistait sur cette circonstance, que Boireau avait dit formellement la veille de l'événement qu'un coup devait être fait contre le roi au moyen d'une machine infernale du côté de l'Ambigu-Comique, il répondit catégoriquement : « Il peut avoir dit tout ce qu'il a voulu. Que voulez-vous que j'y fasse ? je ne pouvais pas l'empêcher de parler. »

Il y avait de l'habileté dans cette manière d'écarter de Boireau le soupçon de complicité qui pesait sur lui, en ayant l'air de l'impliquer indirectement dans une autre accusation sur laquelle Fieschi ne pouvait donner aucun renseignement positif : c'était dire, en d'autres termes, qu'il ne ménageait pas son complice prétendu, et que l'intérêt de la vérité l'empêchait seul de le charger.

La partie de l'interrogatoire de Fieschi relative à Morey et à Pepin est plus concluante. Il avoua que Morey l'avait accompagné, comme son oncle, quand il était allé louer son appartement; mais il affirma qu'il avait payé lui-même son loyer sans l'assistance de Morey. Leurs relations remontent à l'année 1830 : ils habitaient alors le même quartier. Depuis l'époque où Fieschi était poursuivi et durant l'espace de deux mois, il a trouvé fréquemment chez Morey un asile pour la nuit. Morey est venu le voir quelquefois dans son logement du boulevard du Temple; « mais il n'a jamais rien su de mes affaires, » s'est empressé d'ajouter Fieschi. Vous verrez plus tard quel fond il fallait faire sur cette assertion. Néanmoins Fieschi est convenu qu'il avait bu de la bière avec Morey le lundi 27, sur le boulevard, sous une tente, entre la Gaîté et Franconi. Cet aveu remarquable confirmait en ce point la déclaration si importante de la fille Nina.

Dans le temps où il couchait tantôt d'un côté, tantôt d'un autre, depuis qu'il était poursuivi et avant le 8 mars, époque à dater de laquelle il a eu un domicile certain, Fieschi avait passé trois ou quatre nuits chez Pepin. M. le président lui ayant demandé si l'argent qu'il avait reçu de celui-ci ne lui avait pas servi à acheter les canons de fusil de la machine, il fit cette réponse remarquable : « Il n'y en avait pas assez, j'ai fourni le reste ; le tout a coûté 150 et quelques francs. Quand je lui ai emprunté cet argent, je lui ai dit d'être assez discret pour ne pas me demander ce que j'en voulais faire. Cependant, comme il voulait absolument en connaître l'emploi, pour m'en débarrasser, je lui ai dit que c'était pour armer des Corses, afin que s'il arrivait quelque chose nous fussions tous ensemble. » Fieschi a d'ailleurs prétendu que, s'il prenait de temps à autre quelque marchandise à crédit dans le magasin de Pepin, il payait quand il y retournait, et qu'il ne le voyait pas « très-souvent, parce que ce n'était pas trop son affaire d'aller chez lui. » Il est convenu cependant y avoir dîné une fois avec trois personnes marquantes, dont on ne lui fit connaître qu'une seule, qui se nommait *Recurt* et qui était un accusé d'avril ; il y avait aussi un député, président d'un tribunal du Nord, et un avocat. Le député était de l'opposition, mais pas très-exalté. Fieschi reconnaissait avoir vu Pepin une huitaine de jours avant l'attentat. M. le président ayant fait observer à Fieschi que sa liaison avec Pepin devait être bien plus intime qu'il n'en convenait, puisque la fille Nina avait déclaré que Morey ou lui s'étaient engagés à prendre soin d'elle en cas qu'il arrivât malheur à Fieschi, il répondit avec quelque impatience : « Je ne puis répondre que de ce que je dis ; ce que les autres disent ne me regarde pas ; on vous a trompé ; s'il m'était arrivé malheur, la petite aurait eu à gagner sa vie comme tant d'autres, et ce n'est pas ce qu'on aurait pu me dire ou me promettre là-dessus qui m'aurait tranquillisé ; elle s'apercevra bien de ma perte quand je n'y serai plus. »

Dans les interrogatoires qui suivirent, M. le rapporteur déclare que Fieschi a persisté à nier qu'aucun homme fût entré dans sa chambre après que la machine fut montée. La présence de M. Lavocat dans la prison de Fieschi l'avait décidé à mettre plus de franchise dans ses aveux, et pourtant ses réticences, ses détours continuaient ; *il distillait ses aveux goutte à goutte.*

M. le président, voulant éclaircir la circonstance importante d'un portrait trouvé dans la chambre du coupable après l'explosion de la machine, adresse à Fieschi les questions suivantes: « N'aviez-vous pas un portrait du duc de Bordeaux dans votre chambre ? » Il a répondu : « Oui ; je ne l'aime pas beaucoup, mais je ne lui veux pas de mal.—Pourquoi aviez-vous ce portrait? — Je l'avais depuis deux ou trois jours ; je me disais que si on ne me prenait pas, on dirait que c'était un carliste qui avait fait le coup. — Combien avez-vous acheté ce portrait? — Quinze sous. — Où l'aviez-vous acheté ?—Rue du Petit-Reposoir, chez un marchand d'estampes. » Ces faits ont été vérifiés : le portrait avait, en effet, été acheté par Fieschi chez le sieur Troude, demeurant au lieu indiqué.

Ainsi s'explique la présence, dans la chambre de Fieschi, de cette lithographie du duc de Bordeaux, qu'on aurait pu prendre un instant pour le signe caractéristique de ses opinions politiques et comme une indication du parti qui aurait exploité l'énergie de son caractère et les résolutions de son désespoir, si la dissimulation, et une dissimulation profonde, n'était pas la condition nécessaire de ces conspirations détestables dont l'assassinat est le moyen, et si ceux qui les ourdissent dans l'ombre, loin de laisser le crime arborer les enseignes de la faction à laquelle ils appartiennent, ne se réservaient toujours la lâche et hypocrite ressource d'en désavouer les auteurs.

Ici M. le rapporteur établit que Fieschi prétend donner le change à M. le président par des révélations hors des limites de son attentat. Telle est l'histoire d'un hongrois nommé Krawski. Il ajoute :

A cette occasion, Fieschi a déclaré qu'on lui avait proposé, un mois ou un mois et demi avant l'arrestation de la duchesse de Berri, et pendant que cette princesse était en Bretagne, de lui donner cent mille francs, et dix mille francs pour ses frais, s'il voulait se charger d'aller l'arrêter. Il prétend avoir refusé en répondant : « Je suis fatigué ; si elle arrivait ici je me battrais avec vous autres, mais voilà tout. »

Fieschi fut enfin amené à reconnaître qu'il s'était logé boulevard du Temple, dans l'appartement qu'il y occupait, avec l'intention de commettre l'attentat. « Que voulez-vous ? a-t-il dit, ça été mon tombeau. » Il convint qu'il avait hésité entre le projet qu'il a exécuté et celui d'aposter un certain nombre de Corses ou d'autres, qui auraient tiré sur le roi. Mais il pensa qu'il trouverait difficilement un nombre suffisant d'hommes discrets et courageux ; il préféra sa machine, et il fut assez *injuste* ou assez *inconstant* (c'est toujours lui qui parle) pour ne se fier à personne.

Il a déclaré que, le lundi 27 juillet, après avoir quitté Morey, il avait rôdé de côté et d'autre, cherchant une distraction ou une âme charitable qui eût de l'empire sur lui. « Je ne l'ai pas rencontrée, » a-t-il dit avec l'accent du regret.

Le 28 au matin, avant de faire le coup, sa préoccupation, ou, comme il parle lui-même, son embarras continuait. Il était allé de très-bonne heure chez son compatriote Sorba, qui demeurait rue Meslay, et ils sortirent ensemble. Il lui proposa de venir lui servir de second dans un duel. Etait-ce dans son crime qu'il aurait voulu dire ? Ce fait n'a pas été avoué d'abord par Fieschi ; il le repoussait en disant : « Je n'aime pas les duels, parce que, quand je me bats, je suis sûr de réussir. » Deux jours après, Fieschi a complété cette explication en ces termes : « A vous dire vrai, j'avais quelque envie de confier mon affaire à Sorba, peut-être pour m'en détourner. Sa figure trop jeune m'en a empêché ;

et puis, je ne le connaissais pas à fond. Je me serais plus facilement ouvert à Sorba qu'à Morey ou à tout autre, parce qu'il était
mon compatriote. Je savais d'ailleurs qu'il n'était pas un lâche,
puisque j'avais été avec lui témoin dans un duel entre Giaccobi,
l'avocat, et un jeune Américain, condamné à trois ans pour les
affaires des *Amis du Peuple*, et qui avait pour témoins Plagniol
et Desjardins. Toutefois je me disais : Fieschi, est-ce que tu
seras un lâche ? Et le courage l'a emporté sur le reste. »

Cependant, une circonstance imprévue faillit triompher de sa
résolution : il aperçut M. Panis qui parlait à M. Lavocat ; il y
avait onze mois qu'il n'avait vu ce dernier. A son aspect, une
émotion si vive s'empara de l'âme de Fieschi, que sa vue se
troubla, et dans son trouble il baissa la machine de quatre ou
cinq pouces. « Si M. Lavocat était resté là, a-t-il ajouté,
je n'aurais rien fait. Je voulais descendre, le faire monter chez
moi, lui tout montrer, me jeter à ses pieds, lui dire que j'étais
un malheureux et qu'il me fît expatrier ; mais sa légion changea
de place ; mon mauvais destin l'a emporté ; j'étais comme un
désespéré. » Alors il prit un tison dans sa cheminée, et il mit le
feu à la machine par le milieu. Il ne s'est pas souvenu d'avoir
allumé une chandelle chez un de ses voisins pour faire son feu :
il ne le croit pas, parce qu'il avait un briquet phosphorique chez
lui.

Pressé de nouveau de déclarer ses complices, il a répondu ces
paroles remarquables: « J'ai dit à M. Lavocat des choses passées ;
je lui ai nommé des gens qui sont des traîtres, qui ont pris l'argent du parti carliste en le jouant, et qui ont fait travailler les
républicains ; je l'ai autorisé à donner ces renseignemens au gouvernement, non pour me sauver, je ne l'espère pas, mon affaire
est trop grave, mais pour être utile. Il y a des lâches qui, à ma
place, se seraient détruits ; mais quand un homme a fait une
faute, il doit un exemple, et je dois donner un grand exemple
sur l'échafaud. Si j'avais été avide d'argent, je me serais adressé
aux ennemis du gouvernement ; mais je n'ai jamais rien voulu faire
pour de l'argent ; en tout pays j'étais sûr de vivre en travaillant »

Il devenait évident qu'il ne pouvait plus nier ses relations
avec Pepin d'une manière absolue ; il a été forcé de convenir
que c'était le père Morey qui l'avait introduit chez Pepin,
pendant que lui, Fieschi, travaillait chez Lesage, près de la
barrière du Trône. Il a ajouté que la boutique de l'épicier se
trouvant sur son chemin, il y entrait quelquefois pour prendre
un petit verre d'eau-de-vie ; mais Pepin n'était pas plus son
homme de confiance que les autres, et voici la raison qu'il en
donnait : « J'avais adopté un système téméraire, qui était de
n'avoir que des connaissances et pas d'amis ; je ne me confiais à
personne ; si j'avais été aussi sage que discret, vous ne m'inter-
rogeriez pas. »

Après l'avoir interrogé sur un grand nombre d'individus signa-
lés pour avoir été connus de lui , à l'égard desquels il a fait des
réponses catégoriques et qui démontrent évidemment que ces
individus sont complétement étrangers à l'attentat, M. le président a été naturellement conduit à lui faire remarquer qu'ayant
connu beaucoup d'ennemis du gouvernement, on devait croire
qu'il avait instruit de ses projets quelques-uns d'entre eux. Il a
répondu : « Mon Dieu , non ; je me serais bien donné de garde
de leur rien dire : c'étaient des gens qui voulaient avoir l'air de
tout faire et qui n'étaient bons qu'à faire des crédits dans les
cabarets ; c'étaient des hommes corrompus, à corrompre les filles,
les femmes , les onze mille vierges ; ce sont des ennemis de tout
gouvernement , disposés à aller dans toutes les émeutes ; mais
incapables de conduite et de secret. »

On lui représenta , dans un interrogatoire suivant , les indices
qui résultaient contre Pepin, Morey et Boireau, de ses premières déclarations. Fieschi soutint encore qu'il ne s'était confié
à personne ; il dit que Boireau était une tête chaude ; aussi
ivrogne qu'il était jeune ; qu'il n'était capable de prendre un
fusil que quand il était soûl, et qu'on savait par expérience
qu'*homme de vin, homme de rien ;* qu'il n'avait donc jamais rien
confié à Boireau ; et que ce jeune homme , quoi que pussent dire
des témoins menteurs, n'était point venu chez lui , ni aucun
autre , dans la nuit du 27 au 28 juillet.

Il soutient qu'il n'avait rien confié à Morey. Si Morey se vantait d'avoir chargé quelques canons de fusil , il en avait menti ;
d'ailleurs, ajoutait-il en ricanant, « s'il le veut, je lui céderai
bien volontiers ma place, et je lui dirai comme ce condamné
auquel un prêtre disait qu'il était bien heureux d'aller voir les
anges : *Si vous voulez y aller je vous donne ma place.* »

Quant à Pepin , il persistait à dire qu'il ne lui aurait jamais
fait connaître la destination de l'argent qu'il demandait.

A mesure que les dépositions des témoins assignés indiquaient
quelques nouvelles circonstances qui pouvaient mettre sur la voie
des relations de Fieschi avec d'autres personnes, de nouveaux
interrogatoires devenaient nécessaires.

Une dame veuve Martineau avait déclaré , le 22 août seulement,
que le lundi 27 juillet, vers six heures moins un quart du soir,
elle avait vu sur la place Royale trois individus qui causaient près
d'un arbre. Elle crut entendre en ce moment qu'ils parlaient de
sermens qu'auraient faits entre elles plusieurs personnes, et du
sort qui aurait désigné l'une d'elles. Autant qu'elle en put juger,
ils se servaient d'une espèce d'argot ; le plus petit disait : « J'ai
la mauvaise chance » , et faisait entendre qu'il risquait tout. Les
deux autres lui répondaient : « Tu as ton serment et nous avons
les nôtres ; la chose ne peut manquer. » L'un d'eux fit observer
qu'ils étaient près d'un poste ; ils répétaient : « Tout est sûr, tout

est bien confectionné. » L'un de ces individus pouvait avoir cinq pieds quatre à cinq pouces, de grands yeux bleus, un nez saillant du milieu, le teint blond, les cheveux châtains, les épaules voûtées, la poitrine un peu rentrée ; il portait un habit noir et un pantalon blanc. Le second était moins grand et d'une grosseur ordinaire ; il ôtait souvent son chapeau, et passait sa main dans ses cheveux noirs. Il portait un pantalon bleu et un habit râpé et brun. Le troisième était beaucoup plus petit : il avait les cheveux noirs, crépus et relevés sur le devant ; le front découvert et bombé, le nez droit, les yeux un peu enfoncés, ainsi que la naissance du nez, le teint un peu brun. Le témoin remarqua celui-ci plus que les autres, parce qu'il avait une mauvaise physionomie, et que c'était celui qui avait dit avoir la mauvaise chance. Il proposa aux autres d'aller dîner, en disant que ce serait la dernière fois,

La dame veuve Martineau, à laquelle on a représenté Fieschi, a cru le reconnaître pour le troisième interlocuteur. Fieschi a nié absolument le fait : il allait quelquefois rue des Tournelles et rue Royale-Saint-Antoine, mais il ne s'est jamais arrêté sur la place Royale. Là dame veuve Martineau avait cru reconnaître, parmi les individus qui causaient avec Fieschi, un sieur Piet de Saint-Hubert, ancien garde-du-corps du roi, compromis dans les troubles de la Vendée, qui s'était évadé de Nantes un an auparavant avec une fille Rozier, et qui depuis vivait très-caché, ou ne sortait qu'habillé en femme. Rien n'est venu à l'appui de la déposition de la dame veuve Martineau ; et jamais aucun individu du nom de Piet de Saint-Hubert, et auquel pourraient s'appliquer les indications données par cette dame, n'a eu en aucun temps des relations avec Fieschi. Il a dit, à cette occasion : « Ce sont des phraseurs qui ont dit cela ; j'ai eu une vie agitée, mais je n'ai d'ailleurs point eu de chance. Je ne voulais pas qu'on fît de l'argent avec ma tête, et je ne me suis confié à personne. »

Mais à ce propos il a déclaré une circonstance qui tendrait à prouver de plus en plus l'intimité de ses rapports avec Pepin. Fieschi, en se rendant à la manufacture de papiers peints où il travaillait, s'arrêta un jour chez Pepin : c'était le matin. Celui-ci lui dit : « J'attends aujourd'hui un grand personnage, le comte ou le baron de Rohan, un parent de Louis-Philippe. — Tiens, c'est un carliste ! reprit Fieschi. — Il fait le républicain, mais je ne me fie pas à lui. » Pepin informa Fieschi que ce monsieur habitait la Suisse. Celui-ci conçut alors l'idée d'écrire une lettre à M. G. de Damas pour lui faire connaître sa position. Le lendemain, de retour chez Pepin, Fieschi vit arriver une voiture : Pepin lui dit : « Monte là-haut ! » et il y resta jusqu'après le départ de M. de Rohan. Alors, sans s'expliquer sur la cause ou l'occasion de la visite qu'il avait reçue, Pepin lui confia que M. de Rohan lui avait dit : « Louis-Philippe et moi nous étions amis autrefois ; mais depuis la révolution de juillet j'ai vu que c'était un ambilieux et nous ne nous voyons plus. Je suis venu à Paris où mes parens me doivent de l'argent; mais ils me contrarient pour le recevoir : il suffit que je sois républicain. » Pepin ne voulut pas donner l'adresse de M. de Rohan à Fieschi.

Le rapport rend compte des recherches auxquelles on s'est livré sur les causes de ce voyage du prince de Rohan ; il semble y avoir été déterminé par des motifs purement domestiques. M. le rapporteur continue :

Aucune circonstance ultérieure de l'instruction n'a rappelé le nom du prince Charles de Rohan, ni attiré l'attention des magistrats instructeurs sur sa personne. Il n'y figure que pour signaler un fait qui forme un des anneaux de la chaîne qui lie Pepin à Fieschi.

Il paraîtrait que Pepin, qui voulait peut-être sonder les dispositions de Fieschi, ne manquait pas, selon ce dernier, lorsque les visites de l'ouvrier en papiers peints coïncidaient avec quelques articles *un peu solides* des journaux contre le gouvernement, de les lui faire lire. A la fin du mois de mai, c'est-à-dire quelques semaines après la visite de M. de Rohan, Pepin dit à Fieschi en parlant du roi : « Est-ce qu'on ne trouvera pas quelqu'un pour lui f.... un coup de fusil? Il y en a tant qui, pour un billet de mille francs, se sont fait condamner aux galères à perpétuité, et il n'y aura pas un homme pour délivrer le pays d'un brigand comme celui-là ! »

Cependant Fieschi persistait toujours à soutenir qu'il n'avait point confié son projet à Morey et à Pepin. « C'étaient eux et bien d'autres qui lui disaient, qu'il y aurait quelque chose aux fêtes de juillet, et qu'il fallait que les patriotes se tinssent prêts. » M. le président lui ayant demandé quels étaient les autres, il a répondu: « Voulez-vous que je vous cherche deux ou trois mille personnes peut-être? Quand je me trouvais avec des jeunes gens, des républicains, des bavards comme il y en a tant, ils disaient qu'il y aurait du bruit aux fêtes de juillet. »

Le 28 août, après de bien longues et infructueuses recherches, Pepin, qui, comme il nous l'apprend lui-même, ne se cachait pas directement depuis l'attentat du 28 juillet, mais qui, à raison des persécutions qu'il dit avoir éprouvées, « ne se montrait pas pour laisser passer l'effervescence de ce triste événement, et qui, ayant l'habitude de n'être jamais chez lui les jours de revue, quittait comme cela son domicile par instant, et rentrait de temps à autre pour ne pas se trouver en face de gens qui pouvaient lui causer des vexations », fut arrêté à Paris, dans son propre domicile.

Pepin fut interrogé sur-le-champ, ainsi que sa femme, son garçon de magasin et sa servante. Il s'efforça d'abord de repousser les inductions qu'on pouvait tirer contre lui de sa disparition préventive. « Le seul motif, dit-il, qui m'ait empêché de paraître publiquement chez moi, c'est que je voyais qu'on arrêtait tout le

monde, et je craignais qu'on ne m'arrêtât aussi. » Il déclara
ensuite qu'il ne connaissait pas Fieschi, ou que s'il le connaissait,
il ne le connaissait pas du moins sous ce nom-là. Après les
malheureux événemens de juin, il avait vendu son établissement
pour aller demeurer dans le 12ᵉ arrondissement, qui est le quartier
de Morey. Il y rencontra celui-ci, et l'employa comme bourrelier.
Il y avait au moins deux mois qu'il ne l'avait vu, à l'époque de
l'attentat; après tout, il ne le connaissait que *passagèrement*.
Pepin avait rétabli sa résidence dans le quartier Saint-Antoine au
commencement de la présente année. Quand Morey passait dans
ce quartier, il entrait chez Pepin pour savoir si on avait
besoin de lui. A la vérité, il présenta une fois à Pepin, il y a
environ six mois, et soi-disant pour le placer, « un patriote qui
avait besoin de travailler et de se soustraire. » Le nom de ce
patriote poursuivi était Bescher ou Beschot. Il n'inspira pas de
confiance à Pepin, qui ne voulut pas s'en charger. Il y a au
moins trois mois qu'il ne l'a vu. Cependant, ce « Bescher est
venu peut-être quelquefois chez Pepin, lorsque celui-ci n'y était
pas; Pepin peut lui avoir offert de coucher à la maison, parce
qu'il le croyait poursuivi, mais il n'en est pas bien sûr » : ce qui
est bien certain, c'est que cet homme n'y a couché que deux
nuits. D'ailleurs, plus d'une fois des patriotes sont venus chez
Pepin lui demander asile, et il leur a offert un matelas. Tout le
monde, peut-être, étant pris à l'improviste, aurait fait ce qu'il
a fait. Ce Bescher ou Beschot couchait sur un matelas, dans une
petite pièce sur le derrière.

M. le président ayant fait observer à Pepin qu'il paraissait in-
croyable qu'il eût donné asile chez lui à une personne dont il
ignorait le nom, Pepin a répondu : « Je jure, par ce qu'il y a de
plus sacré pour un homme d'honneur, que je ne savais pas directement son nom. » Il a dit qu'il lui serait difficile de donner le
signalement de la personne que lui avait présentée Morey, de
crainte de se tromper; qu'il ne pouvait rien préciser sur la question de savoir si cette personne avait ou non un accent particu-
lier. « C'est-là, a-t-il ajouté, le résultat de ma conscience. »

M. le président ayant jugé à propos de lui demander quelles
étaient les autres personnes qui avaient cherché un asile chez lui,
Pepin a répondu : « J'ai eu affaire à des patriotes, pour le pro-
cès d'avril, mais je ne pourrais pas entrer dans de grands détails; encore je ne crois pas qu'ils se soient cachés à la maison. »

Interrogé sur un repas auquel Fieschi prétend avoir assisté avec
quelques personnages marquans, ses réponses confirment les
aveux de Fieschi. Cette réunion est un indice grave de la liaison
étroite de Pepin, Morey et Fieschi, et de l'importance que
Pepin, malgré sa position sociale, donnait à un simple ouvrier
se dérobant sous un faux nom aux poursuites de la justice.

Un incident remarquable suivit le premier interrogatoire de

Pepin. Il avait été ramené le jour même chez lui, pour être présenté à la vidange et à la fouille des lieux d'aisances de sa maison ; il parvint à tromper la surveillance des deux inspecteurs de police à la garde desquels le commissaire Milliet l'avait confié, et il s'évada.

M. le rapporteur établit en peu de mots la fréquence et la familiarité des rapports de Fieschi avec la famille Pepin.

Cependant les interrogatoires de Fieschi continuaient ; il recueillait ses souvenirs, et déclarait chaque jour quelque nouvelle circonstance de son crime. Il avait acheté le plomb qui lui avait servi à charger les canons de fusil chez le ferrailleur qui lui avait vendu le foret et l'archet ; il a fait fondre les balles chez lui, dans un moule qu'il a jeté dans le canal. Cette déclaration ne semble pas d'accord avec ce qu'il a dit une autre fois, que Morey lui avait apporté les balles et le plomb nécessaires pour charger ses canons de fusil ; d'autre part, elle expliquerait pourquoi les balles que Morey aurait jetées hors de la barrière du Trône ou de Montreuil, ne seraient pas du même calibre que celles que Morey avait fondues dans les moules trouvés chez lui.

Fieschi et Morey confrontés ensemble se sont reconnus. Fieschi soutient devant Morey que celui-ci le connaissait depuis longtemps sous le nom de *Fieschi*; qu'il l'accompagnait en se disant son oncle, lorsqu'il avait loué un logement au boulevard du Temple ; que, plus tard, il avait bu de la bière avec lui sur le boulevard du Temple, sous une tente. Il soutient aussi lui avoir donné la facture des canons de fusil, et ajoute qu'ils s'étaient donné rendez-vous le 28 juillet à la barrière de Montreuil, quand tout devait être fini. Morey nie tout.

Les aveux de Fieschi relativement à Pepin, à Morey, à Boireau, ne paraissent ni complets, ni sincères. M. Bouvier, ancien directeur de la maison centrale de détention d'Embrun, dans une visite qu'il rendit à Fieschi, acheva, par ses exhortations, ce qu'avaient commencé celles de M. Lavocat. Le lendemain de cette visite, Fieschi fit à M. le président une déclaration qu'on peut résumer ainsi :

Quelque temps après qu'on eut commencé à le poursuivre, désespéré de la perte de sa place et des mauvais procédés de Laurence Petit à son égard, Fieschi conçut la malheureuse idée de sa machine. Comme il connaissait Morey pour un ennemi du gouvernement, il alla le trouver et lui en montra le dessin, avant d'avoir formé encore le projet de le mettre à exécution. Morey en fut enthousiasmé, et lui dit : « Si j'avais assez de fonds, je fournirais aux dépenses nécessaires. » Ce projet revint souvent dans leurs conversations.

Cependant Fieschi n'avait pas d'ouvrage ; le temps lui pesait, il avait besoin de se distraire : il lui fallait trouver un emploi de ses facultés et de son énergique activité. Morey le mena chez

Pepin, qui promit de s'occuper de Fieschi ; mais ses promesses tardaient à se réaliser. Alors Morey parla à Pepin du dessin de la machine, et le lui fit voir. L'enthousiasme de Morey gagna Pepin, qui lui dit : « Si l'homme est solide, on pourrait faire les dépenses qui seraient nécessaires ; moi je les ferais. » Morey rendit compte à Fieschi de ce qu'il avait fait. Pepin s'informa si Fieschi n'était pas un homme à tourner le dos dès qu'il aurait engagé sa parole, et le fit appeler. « Alors, dit Fieschi, nous nous trouvâmes tous les trois ensemble ; ils me demandèrent à quelle somme pourrait monter la dépense de la machine ; je me séparai d'eux un instant, et fis un calcul détaillé, qui montait à peu près à 500 fr. »

Il fut décidé que Fieschi irait chercher un logement ; il en trouva un qu'il jugea propice : mais lorsqu'il voulut l'arrêter, il prit Morey avec lui : le logement convint à tous d'eux. Fieschi donna cinq francs d'arrhes ; le prix du loyer annuel fut fixé à 315 francs. Pepin fut engagé à venir voir si, lui aussi, trouvait le local propice ; il y vint, et c'est la seule fois qu'il y soit venu.

Fieschi prit possession de l'appartement le 8 mars. « J'avais, dit-il, quelque argent qui m'appartenait ; je me suis procuré de l'ouvrage pour gagner ma vie. Par amour-propre, je disais à Pepin que je gagnais plus que je ne gagnais réellement, ne voulant pas passer pour un sicaire qui agissait pour de l'argent. On s'attendait à une revue pour le 1er mai ; par conséquent, vers le 6 avril, je voulus acheter le bois nécessaire à la construction de la machine. »

Alors il s'agissait de se procurer des fusils. Pepin, sans nommer personne, dit qu'il savait quelqu'un qui pourrait en procurer ; plus tard, il s'expliqua : c'était Cavaignac, alors détenu à Sainte-Pélagie, qui, selon Pepin, connaissait quelqu'un qui avait des fusils en dépôt ; mais voyant qu'il n'y avait pas de revue annoncée pour le 1er mai, Pepin ne demanda point de fusils, et nous dîmes, continue Fieschi : « Attendons en juillet. » Vers cette époque, Pepin obtint, sous un faux nom, une permission pour aller voir Cavaignac. Il raconta à Fieschi qu'en parlant à Cavaignac de cette affaire, il lui avait dit qu'il avait besoin de vingt à vingt-cinq fusils, et qu'il fallait que Cavaignac fût assez discret pour ne pas demander à quel usage ils devaient servir. Cavaignac aurait répondu qu'il attendait quelqu'un qui le devait venir voir et qu'il en parlerait. On n'eut pas de réponse.

« J'ignore, dit Fieschi, si Pepin avait confié l'affaire à Cavaignac, mais c'est ma pensée, et je crois que c'est pour ce motif qu'a été résolue l'évasion de Sainte-Pélagie, puisqu'elle a eu lieu peu de jours avant les fêtes. Ma pensée à moi, au sujet de Cavaignac, de Guinard et des autres évadés, est que, s'ils ne sont pas sortis de France au moment de leur évasion, c'est qu'informés par Pepin de ce qui devait se passer, ils devaient rester à Paris pour attendre l'événement. »

Fieschi a ajouté que la résolution de commettre l'attentat était arrêtée avant la visite du prince de Rohan à Pepin. Il s'est quelquefois demandé si Pepin n'était pas carliste : ses relations avec Charles de Rohan l'avaient porté à le croire ; car il pouvait difficilement comprendre que le prince de Rohan fût républicain, et il avait entendu Pepin dire qu'on était plus heureux sous Charles X que sous Louis-Philippe. Dans tous les cas, l'opinion de Fieschi est, qu'en dehors de la machine, dont l'invention et l'exécution lui appartiennent, on ne peut s'empêcher de regarder Pepin, en cette affaire, comme le principal agent des partis ennemis du gouvernement.

Pour Fieschi, tour à tour napoléoniste et républicain, il pouvait être sans conviction politique ; mais, à coup sûr, il n'était pas carliste. Un jour, lorsque la duchesse de Berri était à Blaye, le menuisier Vincent lui ayant dit, en plaisantant, que Charles X reviendrait bientôt, Fieschi lui répondit, en faisant, selon ses mœurs et avec sa canne, le geste d'un homme qui met en joue : « S'il revenait, je l'aurais bientôt tué, quand même ma tête devrait sauter ; je l'ai risquée deux ou trois fois. » L'ensemble de sa conduite ne dément point ce propos.

Quand Pepin, Morey et Fieschi furent certains qu'il y aurait une revue pour les fêtes de juillet, ce dernier se procura les canons de fusil ; et aussitôt que Pepin le sut, il donna 187 fr. et quelques centimes pour payer. Fieschi, ayant apporté chez lui les canons de fusil, fit lui-même tout le travail de l'assemblage des pièces en bois et de la traverse de derrière sur lesquels reposaient les culasses des fusils. Il fit le modèle de la ferrure et mit tout en règle.

Sept ou huit jours avant le 28 juillet, lorsque le marché des canons de fusil était déjà conclu, Pepin, Morey et Fieschi se donnèrent rendez-vous au boulevard de la Salpêtrière, près du corps-de-garde de la Poudrière, sur le chemin qui conduit à la Garre, derrière l'Hôpital-Général. Fieschi, arrivé le premier, fut bientôt suivi par Morey ; ils allèrent au devant de Pepin, qu'ils rencontrèrent sur la place de la Salpêtrière, et vinrent s'asseoir tous les trois sous les arcades du pont d'Austerlitz. Là, tout ce qui concernait l'achat des canons de fusil fut combiné. Le lendemain Pepin remit l'argent à Fieschi ; c'est la dernière fois qu'ils se sont vus.

Depuis, Fieschi a dit que l'argent lui avait été donné par Morey, auquel Pepin l'avait remis.

Morey était venu sept ou huit fois voir Fieschi depuis qu'il habitait le boulevard du Temple ; il a vu la machine toute montée, avant que les canons de fusil fussent posés ; ce fut lui qui apporta les balles, les chevrotines et la poudre.

Fieschi avait dit, peu de jours auparavant, qu'il avait fait fondre lui-même les balles ; et on a trouvé dans les fusils des lingots de plomb qui n'étaient point réduits en balles.

Le matin du 28 juillet, dans l'agitation où se trouvait Fieschi, il alla donner audience à ses réflexions sur le bord du canal. En rentrant chez lui, il rencontra Morey, rue des Fossés-du-Temple, et lui demanda ce qu'il faisait là ; Morey lui dit qu'il venait voir ce qui se passait : c'est alors qu'ils se donnèrent définitivement rendez-vous pour l'après-midi à la barrière de Montreuil.

L'instruction s'est chargée de vérifier tous ces détails ; le rapport en donne une explication très-minutieuse.

Les déclarations explicites que venait de faire Fieschi le préoccupèrent. Le 14 septembre au matin, il témoigna de la défiance pour les alimens qui lui étaient présentés, et de l'inquiétude sur la manière dont ils lui étaient apportés et servis. M. le président crut devoir l'interroger sur la cause de cette inquiétude et de cette défiance. Sa réponse est trop remarquable pour n'être pas textuellement rapportée : « Le gouvernement met six hommes pour me garder pour sa sûreté ; moi, je suis décidé à boire le calice jusqu'à la lie : je préfère mourir d'une condamnation qui m'est due par la loi, qu'un autre puisse donner de l'argent par une intrigue pour me faire empoisonner dans la prison. Pour donner preuve de mon caractère, qui est toujours le même, et pour faire voir à la face de la France et de l'Europe entière tout ce dont les journaux de l'opposition m'ont accusé moi et un autre, j'ai donc prié M. le directeur, qui a très-bien accueilli ma demande, de veiller, même pour sa sûreté personnelle, de faire faire un panier avec un cadenas, et de me faire toujours apporter mes vivres dans ce panier et par la même personne. » M. le président lui ayant demandé quelle raison il avait pour concevoir de pareilles craintes, il répondit qu'étant obligé de charger Pepin et Morey autant qu'il le faisait, il pouvait craindre des vengeances ; que Morey n'avait sans doute pas assez de moyens pour être redoutable, mais que Pepin pouvait faire des sacrifices d'argent, et qu'il avait d'ailleurs des amis qui seraient capables d'en faire pour lui ; car il avait appris de Pepin lui-même que, lorsqu'il fut traduit devant un conseil de guerre par suite de la rebellion des 5 et 6 juin 1832, un de ses amis, banquier de province et extrêmement riche, disait alors qu'il sauverait Pepin à tout prix, dût-il en coûter deux ou trois cent mille francs.

Après s'être procuré ces garanties pour sa sûreté personnelle, Fieschi continua le cours de ses révélations. Il déclara qu'outre la somme qui représentait le prix des canons de fusil, Pepin, depuis le mois de mars, pouvait lui avoir donné en différentes fois quarante francs pour ses dépenses personnelles, et lui avoir fourni à crédit pour environ vingt francs de marchandises. Aux approches du jour où devait se consommer l'attentat, Pepin, Morey et Fieschi voulurent régler leurs comptes ; car il paraît que Morey, quoiqu'il ne fût pas riche et que ses affaires fussent embarrassées, devait supporter une moitié de la dépense. Ils entrèrent dans des détails minutieux, et Fieschi en a conservé à ce qu'il paraît un souvenir bien exact.

Ici se place une circonstance importante : Fieschi déclare qu'il fut dîner avec Morey et Pepin hors de la barrière de Montreuil, chez un restaurateur nommé *Bertrand*. Il paraîtrait que Fieschi et ceux qu'il désigne comme complices n'étaient pas d'accord sur la manière dont il fallait mettre le feu à la machine infernale. Fieschi soutenait qu'il fallait l'allumer par le milieu ; et, pour prouver sa thèse, il demanda qu'on fît une expérience : c'était là le but de la réunion de ce jour. Ils allèrent dans les vignes du côté du cimetière le Père-Lachaise. Fieschi mesura sur le terrain une ligne de trente-trois pouces (c'était la longueur présumée de la machine), et fit une traînée de poudre sur cette ligne. Pepin avait apporté un briquet phosphorique, il alluma une allumette et se mit en devoir de mettre le feu ; mais il se tenait à une telle distance, en tendant le bras et alongeant le corps, qu'il était impossible qu'il atteignît la traînée. Alors Fieschi lui arracha l'allumette et l'appliqua au milieu de la traînée de poudre, qui s'enflamma tout à la fois : dès-lors, ils furent tous persuadés que la chose réussirait comme ils pouvaient le désirer.

Il y avait peu d'apparence que Morey et Pepin avouassent qu'ils avaient pris part à une expérience de cette nature ; ils l'ont nié et se sont montrés indignés d'une telle inculpation.

Lorsque Fieschi communiqua pour la première fois à Morey le plan de la machine infernale, il assure qu'il n'avait point encore l'attentat en vue ; il voulait seulement faire connaître son génie inventif, et il avait imaginé un engin garni de quatre-vingt-dix fusils et d'une pièce de quatre qui devait, pour la défense d'une place, suppléer, selon ses idées, à l'insuffisance de la garnison. Il dit à Morey, en lui présentant son plan : « Voilà qui vous aurait été bon dans les barricades. — F......, dit Morey, ce serait meilleur pour Louis-Philippe. » Ce mot, toujours d'après Fieschi, devint comme le germe de l'attentat.

Au rapport de celui-ci, Morey disait que, s'il avait 100,000 fr., il achèterait une maison près de la Chambre des députés, ferait creuser un souterrain au moyen duquel il minerait la salle, et la ferait sauter, le roi y étant. Il disait encore que, s'il trouvait le roi au bout de son fusil, il ne le manquerait pas. Morey, après que la résolution de l'attentat eût été arrêtée, dit un jour à Fieschi qu'à défaut de lui, s'il était malade ou pris par la police qui le poursuivait, il le remplacerait et ferait l'affaire.

Fieschi a fini par avouer qu'il n'avait pas dit la vérité quand il avait nié que Morey fût venu plusieurs fois le voir au boulevard

du Temple, n° 50; il a même dit, d'une manière très-significa-
tive : « Quand il venait , il ne souhaitait pas le bon jour au
portier. »

Cependant Fieschi persistait à soutenir qu'il avait chargé seul
les canons de fusil de la machine, et , en ce point, il démentait
la déclaration de Nina. Il persistait à affirmer que Boireau ne lui
avait point fourni le foret au moyen duquel il avait percé ceux
des canons de fusil qui n'avaient point de lumière, et il apportait
à l'appui de ses dénégations un argument plein de force. « Après
tout ce que j'ai déclaré , disait-il , il est évident que je suis autant compromis , auprès des partis ennemis du gouvernement,
pour avoir fait connaître deux personnes , que si j'en faisais connaître cinq cents ; par conséquent, quand je dis que Boireau ne
m'a pas prêté de foret , et que je dis que j'ai acheté celui dont je
me suis servi , je dois être cru. » Après un raisonnement aussi
péremptoire , on aurait pu présumer que c'était là son dernier
mot ; néanmoins la suite fera voir que ses prolixes révélations
contenaient encore des réticences.

Ici M. le rapporteur, tout en faisant observer qu'il n'y a que des
conjectures, cherche à établir la réunion d'hommes armés sur les boulevards le 28 juillet. Il continue :

Fieschi fut confronté avec la fille Nina Lassave; il en résulta
une nouvelle charge contre Morey. Cette fille avait dit que Morey
s'était vanté d'avoir chargé tous les canons de la machine infernale, moins trois que Fieschi avait voulu absolument charger :
ce dernier avait constamment nié ce fait. En présence de Nina ,
qui répéta son récit sans hésitation et sans variantes, Fieschi
changea de langage. Il reconnut que Morey était venu chez lui,
le lundi 27, à cinq heures du soir; qu'il avait apporté dans un
sac en toile les chevrotines et les balles, et de la poudre dans une
poire de corne. « Il y a eu du reste, » a-t-il dit.

Une réflexion se présentait naturellement : Était-ce à la vérité
qu'il rendait hommage, ou changeait-il ainsi de langage pour ne
pas démentir sa petite Nina; ou bien encore était-ce pour se
venger des mauvais propos que Morey avait tenus sur son compte?
M. le président interpella l'inculpé de s'expliquer sur la cause
de ses réticences : « Je me suis tu par orgueil, a répondu Fieschi;
je n'étais pas convenu d'abord de ces choses, je n'ai pas voulu
me démentir. »

Dans un de ses derniers interrogatoires, on lui a fait observer
qu'en comparant la disproportion qui paraissait exister entre
l'énergie de son caractère et ce qui apparaissait du caractère de
Pepin et de celui de Morey, et en considérant les immenses et
funestes conséquences de son attentat, on s'expliquait difficilement
comment l'influence de ces deux hommes avait pu suffire, soit à
lui en faire concevoir le projet, soit à le lui faire accomplir.
« J'avais donné ma parole à Pepin et à Morey, répondit-il; je

leur avais des obligations, depuis que j'étais poursuivi, et le rang d'un homme n'est pour moi d'aucune considération quand il s'agit de tenir une parole donnée. Si je n'avais été leur débiteur que d'une somme d'argent, j'aurais pu m'acquitter ; mais il s'agissait d'une dette de cœur. Toutefois, ayant mieux connu Pepin, qui faisait le républicain et qui était aristocrate, qui n'avait pas eu le courage de mettre le feu à la traînée de poudre que nous avions faite pour l'expérience de nôtre machine, qui était dominé par son intérêt, et qui avait livré notre secret à un jeune homme tel que Boireau, venu à cheval à sa place sur le boulevard, le 27 juillet au soir, en face de ma croisée, pour l'ajustement des canons ; si j'avais eu ce qui m'était dû par Isidore Janot et Salis, je me serais libéré envers Pepin, et j'aurais été heureux de renoncer à mon projet. »

On a représenté à Fieschi que Pepin avait nié tous les faits qui avaient été articulés à sa charge ; qu'il avait opposé à toutes les déclarations de son accusateur les dénégations les plus formelles, et qu'il lui reprochait avec amertume de vouloir perdre gratuitement un père de famille, après l'avoir exploité. On l'a invité à réfléchir consciencieusement au résultat des graves accusations qu'il avait portées contre Pepin, et à ne dire que l'exacte vérité.

A ces sérieuses observations, Fieschi a fait une réponse solennelle ; nous nous conformons à ses intentions en la répétant. « Je demande que l'on écrive ici ma réponse textuelle, sans s'occuper des formes de mon langage, afin que ce soit exactement consigné au procès-verbal. Je jure devant la face de Dieu et des hommes, sur le tombeau de mon père, que tout ce que j'ai dit à l'égard de mes complices est la vérité, et je le proteste en présence de la nation entière. Ce n'est point en demandant ma grace à aucun magistrat, depuis le président et les ministres jusqu'aux juges d'instruction ; car, au commencement, je ne l'aurais pas fait au roi lui-même. Si toutes les couronnes du monde fussent venues me parler pour avoir ces révélations, elles n'auraient pas eu un plus heureux succès, puisque je préférais mourir sous le nom de *Girard*, dans l'espoir de ne pas être connu.

« Ce n'est point par faiblesse, ni par défaut de forces physiques ou morales, ni par promesses d'argent, ni, je le répète, pour ma grace, que j'ai fait ces révélations consciencieusement. C'est un homme venu sur mon chemin, que je connaissais depuis long-temps et qui avait été mon bienfaiteur ; c'est par la reconnaissance que je devais à M. Lavocat, malgré qu'il y avait onze mois que je ne l'avais pas vu, que je me suis décidé à parler. M. Lavocat a rendu encore un autre service à son pays, quelle que soit l'étendue des malheurs qui aient pu arriver et que j'ignore.

« La présence de M. Lavocat, que j'ai reconnu de loin causant avec M. Panis, pendant que j'attendais le cortége, fut cause

que je me dis à moi-même : Te voilà, mon bienfaiteur ! ta vue
me fera manquer mon projet. Aussitôt je mis ma main aux
deux écrous, l'un après l'autre ; je baissai ma mécanique de quatre ou cinq pouces environ, c'est-à-dire les culasses, ce qui fit
changer la direction des bouches, en les élevant ou même en les
obliquant. La vue de cette 12e légion, composée de gens au
milieu desquels j'avais vécu pendant quatre ans, me fit aussi sen-
tir, ce qu'il y avait de criminel à faire feu sur des hommes avec
lesquels j'avais bu et mangé ; mais je répète que l'homme qui
s'était emparé depuis long-temps de mon caractère et de mes
sentimens, c'est M. Lavocat, dont la présence me troubla au
point que je n'étais plus capable de reconnaître une personne sur
la chaussée. J'eus la pensée alors d'aller me jeter à ses pieds, de
lui avouer mon projet criminel. En donnant audience à mes réflexions, je me dis : Quand je t'aurai avoué mon projet, que
feras-tu ? Me feras-tu partir à l'étranger ? Depuis onze mois que
je ne t'ai vu, l'absence c'est la mère de l'oubli !.....: Pas moins,
je me suis décidé à descendre et à me jeter à ses pieds. J'ai tra-
versé trois chambres ; mais comme j'avais barricadé mes por-
tes, pendant que je m'occupais à sortir les planches, j'entends
un roulement ; je reviens sur mes pas, j'aperçois la 12e légion
qui changeait de position. Je perdis de vue mon bienfaiteur,
mais je n'en restai toujours pas moins troublé.

« Il me vint à l'esprit que Pepin et Morey savaient que je devais exécuter mon projet, que je leur avais donné ma parole ; et
je me dis : « Il vaut mieux mourir que de survivre à la honte d'avoir
promis, et puis de faire le lâche ; » car j'aurais été traité de lâche
et d'escroc, malgré que je n'eusse reçu que 40 francs environ en
dehors des frais pour tous les achats qu'il avait fallu faire. Dans
cet intervalle, j'aperçus le cortége en face de Franconi ; je me
dis alors : « Quel malheur vas-tu faire ! » Et moi-même je me
sens bien coupable d'avoir fait ces réflexions, et de n'en avoir pas
moins exécuté mon projet ; d'avoir réfléchi que j'aurais pu tuer
tant de généraux qui n'ont point d'autre fortune que leurs appointemens, qui avaient gagné leurs grades sur les champs de
bataille, en combattant pour leur pays, sous les ordres du grand
Napoléon. Ces généraux ont des enfans à élever, des filles à ma-
rier, qu'ils auraient pu doter avec leurs appointemens. Privés de
leur père, ces enfans n'auraient pu être élevés ni dotés. Pendant
que je faisais ces réflexions au pied de ma mécanique, le roi continuait sa marche, et il arriva près du grand arbre en face, environ 30 ou 35 pas hors de la direction de mes canons. J'aperçus même un général, avec une écharpe rouge, qui avait, autant
que je me le rappelle, franchi la direction de mes canons ; je ne
songeai plus à rétablir la direction de ma mécanique, je fis un
pas pour prendre un tison à la cheminée (la distance est d'environ un mètre cinquante centimètres), et je mis le feu. J'ignore

ce qui en est résulté. Quand les ministres sont venus me voir dans ma prison, je leur ai dit, en présence de M. Lavocat, que si j'avais des révélations à faire, je ne les ferais qu'à lui ; que tout ce que je lui dirais serait l'exacte vérité ; je l'ai dite, même à mon préjudice comme au préjudice de ceux qui m'avaient fourni la farine pour faire le pain. »

— « Ainsi, reprit le magistrat interrogateur, vous persistez à dire que vous n'avez fait que rendre hommage à la vérité, en faisant sur Pepin et Morey les déclarations consignées dans vos précédens interrogatoires ? — Oui, monsieur ; j'ignore si Pepin et Morey parlent, mais moi je déclare de nouveau que je dis la vérité. Les premières révélations que j'ai faites étaient incomplètes ; mais ce que je disais n'était pas moins vrai..... J'ai été touché des visites de M. Lavocat, des bontés qu'il m'a témoignées dans mon malheur ; je sais qu'il est attaché au gouvernement, et j'ai cru faire à la fois une chose agréable à mon bienfaiteur et utile à la nation et au roi, en lui révélant la série des circonstances qui m'avaient excité à réaliser mon crime. »

— « Dire la vérité est le premier devoir d'un accusé, reprit le juge d'instruction. La justice ne saurait croire que, par complaisance pour une personne quelconque, vous auriez fait de si graves déclarations ; elle vous invite de nouveau à dire si les aveux que vous avez faits sont en tous points conformes à la vérité, ou s'ils ne seraient que le résultat d'une combinaison quelconque de votre part. — Quels que soient les services qu'ait pu me rendre M. Lavocat, quel que soit mon dévouement pour lui ; dévouement dont je lui ai donné des preuves dans les événemens de juin 1832 et avril 1834, jamais ma complaisance n'aurait pu aller jusqu'à trahir la vérité dans des circonstances aussi graves, et quand mes déclarations peuvent avoir des conséquences aussi extrêmes. »

M. le rapporteur arrive à l'information relative à Morey, à Pepin et à Boireau, destinée à servir de contrôle aux déclarations de Fieschi.

Ancien soldat en 1816, Morey avait été arrêté comme prévenu de projet d'assassinat contre la famille royale. Il était, à la même époque, accusé d'un meurtre commis sur la personne d'un soldat autrichien pendant l'occupation étrangère ; il fut acquitté par la cour d'assises du département de la Côte-d'Or, comme n'ayant donné la mort que pour sa légitime défense. On lui reproche d'avoir abandonné sa femme et ses enfans à Dijon, pour venir à Paris en 1817 ; depuis cette époque, il vit en concubinage avec une dame Mouchet qui passe pour sa femme ; il exerce la profession de sellier et bourrelier.

Il n'a jamais dissimulé ses opinions républicaines ; il en a fait profession ouverte dans ses interrogatoires. Il est habile au maniement des armes à feu, et connu dans les environs de Paris pour ses succès comme tireur de prix.

Il fut déclaré en 1826 en état de faillite. Plus tard, décoré de juillet, il a fait partie de la société des *Droits de l'Homme*. C'est vainement qu'il l'a nié ; son nom est compris dans le dénombrement des membres de la section *Romme*, du douzième arrondissement ; il paraîtrait même qu'il a rempli dans cette société les fonctions de commissaire de quartier.

Morey a reconnu qu'il avait caché Fieschi chez lui pendant trois mois, parce qu'il le croyait poursuivi pour délit politique ; il a prétendu qu'il était entré chez lui au mois de novembre 1824, et qu'ils s'étaient séparés en janvier.

Morey prétend n'avoir revu Fieschi qu'une fois depuis que celui-ci serait sorti de chez lui, et cette entrevue aurait eu lieu vers le milieu de juin et près de l'Arsenal. Selon lui, Fieschi lui aurait dit alors *que les républicains étaient des lâches, qu'il avait changé de drapeau et que le parti républicain n'était pour rien dans son affaire.*

Ces déclarations tardives et récriminatoires prouvent, malgré les dénégations de Morey, que Fieschi s'était ouvert à lui sur ses projets, et ces confidences prouvaient aussi qu'il avait dû exister des rapports fréquens et intimes entre les deux accusés.

Morey a nié avoir accompagné Fieschi lorsque celui-ci est allé louer son appartement au boulevard du Temple ; il a soutenu ne s'être jamais donné pour son oncle ; il a nié qu'il connût Fieschi sous le nom de Girard, et il a soutenu ne lui avoir jamais donné d'argent. Sophie Salmon, fille du portier de la maison n° 50 du boulevard du Temple, confrontée avec Morey, a dit *qu'elle croyait bien que c'était lui* qui accompagnait Fieschi quand il est venu louer l'appartement où était placée la machine, et qui se donnait pour l'oncle de Girard. Elle a ajouté : « Surtout lorsque je l'examine par derrière, c'est bien cet homme-là : c'est sa taille, sa corpulence, mais il n'a pas l'accent gascon qu'avait l'oncle prétendu du faux Girard. » La femme Larcher, qui habite la maison dont la fille Salmon est portière, confrontée avec Morey, a reconnu qu'il avait la tournure de l'individu qui se disait l'oncle de Girard, mais que cet homme lui avait semblé un peu plus grand et un peu plus fort que celui qui était actuellement devant ses yeux.

Elisabeth Andrener a également trouvé que Morey avait de la ressemblance avec l'individu qui passait pour l'oncle de Girard, mais que cet homme ne portait pas de favoris, et qu'il lui avait paru un peu plus grand que l'homme avec lequel elle était confrontée, et avoir les épaules plus larges.

Nina Lassave avait déposé que c'était Morey qui était renfermé avec Fieschi, quand la portière l'avait empêchée de monter. Cette femme lui dit : *Il est enfermé avec son oncle*, et l'on sait que Fieschi avoue que Morey était celui dont il se disait le neveu, et qu'il l'avait accompagné lors de la location de l'appartement.

Morey a nié s'être trouvé chez Fieschi le dimanche 26 juillet ; il a soutenu que, le lundi 27, à l'heure où Nina Lassave assure l'avoir vu buvant de la bière avec Fieschi sur le boulevard du Temple, il était, avec les autres décorés de juillet, rue du Faubourg Saint-Martin, à l'église française où l'abbé Châtel officiait. Quelques personnes, qui se trouvaient avec Morey dans cette église où Pepin se trouvait aussi, ont fait connaître qu'il en était sorti de bonne heure et avant la fin de la cérémonie.

Il a soutenu que le jour de l'attentat, après être parti à six heures du matin, pour aller à la Maison-Blanche faire un recouvrement, il était rentré chez lui avant dix heures, et n'était plus ressorti qu'après son second déjeûner et pour aller chez Nolland.

Cependant la présence de Morey dans la rue des Fossés-du-Temple, entre dix heures et demie et onze heures et demie, le jour de l'attentat, a été constatée par la déposition d'un domestique de M. Panis, membre de la chambre des députés. Ce témoin a vu Morey venant du côté de la Bastille et allant tout doucement.

Morey a nié le fait. Il a soutenu aussi n'avoir su qu'après l'attentat que Girard et Fieschi ne faisaient qu'une seule et même personne ; il a prétendu ne l'avoir appris que de la bouche de Nina, quand il lui a fait porter la malle de Fieschi.

Selon lui, son intérêt pour Nina a été excité par le récit qu'elle lui a fait de la manière dont Fieschi s'y était pris pour la faire sortir de la Salpêtrière. « L'homme le plus barbare, dit-il, aurait fait ce que j'ai fait. »

Enfin, il accuse Nina et Fieschi de vouloir perdre leur bienfaiteur. Dans sa confrontation avec Nina, confrontation dans laquelle celle-ci a répété tout ce qu'elle avait dit à sa charge, Morey a persisté à tout nier, sauf cependant la partie du récit de la jeune fille relative aux soins qu'il s'est donné pour lui trouver un logement et à la remise de la malle de Fieschi. Il a ajouté que c'était là sa plus grande faute, et que pour tout le reste il ne craignait rien. Il a reproché à Nina de débiter une longue suite de mensonges, et il s'est écrié: « Y aurait-il eu du bon sens qu'après une chose comme celle-là, je fusse aller chercher un enfant pour la lui conter ? » Il reconnaît lui avoir donné quelque argent ; il est également convenu qu'il peut avoir parlé à Nina de la manière dont les canons de la machine étaient chargés, et, à cette occasion, il a développé une théorie sur l'art de charger les armes à feu, qui ne laisse pas, dans une pareille circonstance, d'avoir quelque importance dans sa bouche.

Nous avons dit que le carnet de Fieschi avait été trouvé dans les latrines de la maison qu'habite Morey. Il soutient qu'il ne l'y a pas jeté, et il attribue à Nina cette action dans le but de le perdre plus sûrement. C'est pour le perdre aussi que Nina a jeté

hors des barrières un sac en toile contenant des balles, et qu'elle
l'accuse de les avoir cachées dans cet endroit.

Une expertise a été faite sur ces balles, sur celles saisies chez
Morey, et sur celles extraites des corps des diverses personnes
tuées ou blessées. Au dire de l'expert, les balles trouvées dans
le sac de toile, au nombre de soixante-dix, sont toutes égales
entre elles, et par conséquent sorties, à la même époque, du
même moule; enfin, elles étaient toutes aptes à charger les canons
de la machine de Fieschi, puisqu'elles entrent librement dans
sept de ces canons, et qu'à l'aide d'une baguette de fer ou de
bois, on peut les introduire dans les autres en se servant d'un
maillet; et il a été saisi chez Fieschi une tringle qui paraît avoir
servi à cet usage. Il est constant que ces balles sont généralement
de quelques grains plus lourdes que celles qui ont été extraites
des corps de M. le lieutenant-colonel Rieussec et de MM. les
grenadiers de la garde nationale, Léger et Ricard; que cependant
il s'en est trouvé une du même poids et une autre plus légère de
quelques grains; enfin, qu'elles sont exactement d'un poids égal
à celles qui ont été recueillies sur le boulevard, et qu'elles n'en
diffèrent que par leur forme, qui a dû nécessairement s'altérer dans
les canons de fusil et par le choc des corps plus ou moins durs
qu'elles ont rencontrés lors de leur projection. Mais ces balles
n'ont aucun rapport avec celles qui ont été trouvées au domicile
de Morey, et ne peuvent entrer dans aucun des moules qui ont
été saisis chez lui, tandis que les sortes de balles renfermées dans
sa boîte se rapportent parfaitement à ces deux moules.

Morey est inébranlable dans ses dénégations. Quand M. le
président lui a parlé du petit modèle de la machine que Fieschi
aurait présenté à Pepin, il s'est écrié : « M. Pepin est un honnête
homme, et il aurait bien remué Fieschi si celui-ci lui avait présenté un projet pareil. » Quand M. le président lui a demandé s'il
avait quelque souvenir des conversations qui auraient eu lieu
entre Pepin, Fieschi et lui, sur les conséquences de l'attentat de
Fieschi, et sur le parti qu'il faudrait en tirer pour organiser un
gouvernement provisoire, il a répondu : « Il faut avoir des capa-
cités pour faire des choses pareilles, et je vous demande si ce serait
un homme de mon âge et de mon état qui entreprendrait des
choses semblables. »

Le 22 août, Morey a déclaré qu'il cesserait de prendre de la
nourriture si on ne changeait pas son régime. Ce régime a été
amélioré selon l'avis et les prescriptions des médecins; néanmoins
la santé de Morey n'a cessé de décliner depuis qu'il est arrêté.
Il paraît atteint d'un profond chagrin. Le désordre de ses affaires,
la gravité de l'inculpation qui pèse sur lui, les charges qui résultent de l'instruction, le vif ressentiment qu'il éprouve contre
ceux dont les déclarations l'incriminent, aggravent le mauvais

état d'une santé dès long-temps altérée par un empoisonnement accidentel, et font craindre pour sa vie.

Nous avons rendu compte de l'évasion de Pepin ; elle eut lieu le jour même de son arrestation ; à peine eut-il le temps d'être interrogé par M. le président. Pepin, après son évasion, avait quitté Paris ; il était retourné dans l'asile que lui avait procuré, dans le courant du mois d'août, son ami et son associé commercial, le sieur Collet. Tous les jours il était entouré de gens qui lui offraient des passeports, qui le pressaient de partir. Il refusa un passeport pour la Belgique, dans la crainte que son extradition ne fût demandée et accordée.

Le sieur Collet alla, de sa part, chez M. Armand Carrel et chez M. Garnier-Pagès, membre de la chambre des députés, pour leur demander des conseils sur le parti auquel Pepin devait s'arrêter. Le sieur Collet était chargé de les assurer que Pepin était fort de sa conscience et ne craignait rien : il ne les trouva pas dans leur domicile ; ils étaient l'un et l'autre absens de Paris. Pepin n'a ni contesté ni reconnu la vérité de ce récit ; il connaissait M. Garnier-Pagès et M. Armand Carrel pour les avoir vus une ou deux fois ; il ne se rappelle pas que personne lui ait donné directement le conseil de ne point aller en Belgique, de crainte d'extradition.

Cependant les journaux répétaient, de temps à autre, la nouvelle du passage de Pepin dans certaines villes hors des frontières, et de son arrivée en pays étranger. La police ne prit point le change, et, le 21 septembre, pendant la nuit, Pepin fut découvert à Lagny, département de la Seine-et-Marne, en chemise, caché dans une fausse armoire placée au fond d'une alcôve, au domicile du sieur Rousseau père, propriétaire.

Il fut arrêté ; M. le préfet de police avait dirigé l'opération en personne. On trouva dans le paquet apporté par Pepin, lors de son arrestation, 940 francs, dont 840 francs en or ; un sac de nuit contenant diverses hardes et un volume broché des œuvres de Saint-Just. Un autre paquet contenait, entre autres vêtemens, deux blouses de toile grise et une casquette de crin gris ; enfin quelques papiers, sur l'un desquels se trouvaient divers itinéraires, savoir : de Paris à Rouen, de Rouen à Dieppe, de Lagny à Boulogne ; et une notice des visites domiciliaires infructueusement faites par la police pour la recherche des complices de Fieschi, extraite du *National* du 16 août 1835, et contenant les noms des personnes au domicile desquelles ces visites auraient eu lieu, selon ce journal.

Il n'était pas impossible que cet article eût pour but d'indiquer ces habitations comme autant d'étapes où ils pouvaient espérer de trouver asile et bon accueil, à ceux qui fuyaient les recherches de la police, ou qui s'étaient soustraits aux mandats de justice. La réponse de Pepin autorise cette conjecture. Il a dit qu'en effet, dans les villes où ces recherches devaient avoir eu lieu, il se serait adressé aux personnes dont le *National* avait donné les noms, s'il n'en avait pas connu d'autres.

On a également trouvé dans son paquet divers extraits du journal *le National*, annonçant l'arrivée ou le passage de Pepin en pays étranger ; enfin une lettre de Pepin, datée du 20 septembre dernier, adressée au rédacteur du journal *le Messager des Chambres*, et dans laquelle il annonçait l'intention de se constituer prisonnier à Sainte-Pélagie, le samedi suivant 26, à sept heures du soir. Cet argent, ce bagage, ces papiers semblent indiquer suffisamment que Pepin était prêt à entreprendre un long voyage. Il se flattait probablement de pouvoir profiter de l'hésitation et de l'incertitude où le bruit de son départ si positivement répandu avait dû jeter l'administration, pour se mettre en route ; et il espérait sortir de France, pendant qu'abusée par la date de sa lettre et la promesse qu'il faisait de se constituer prisonnier, l'autorité publique, le croyant encore à Paris ou dans les environs, ne le poursuivrait plus au loin, ou le poursuivrait moins activement.

Pepin a demandé avec instance qu'on laissât en sa possession les œuvres de Saint-Just.

Il est convenu avoir vu Guinard à Sainte-Pélagie, mais comme tous les autres, sans avoir jamais eu des relations avec lui ; il a nié avoir demandé à Cavaignac les vingt-cinq fusils nécessaires pour la machine de Fieschi, en s'écriant que cette imputation était un affreux mensonge. Mais M. le président lui ayant demandé s'il n'avait pas écrit à Cavaignac une lettre qui pouvait avoir trait à cette affaire, il a répondu qu'il n'avait jamais écrit directement à Cavaignac.

Il a déclaré qu'il ne connaît directement aucun général ; plus tard, il a complété cette déclaration, en affirmant qu'il n'avait jamais eu aucune relation avec les légitimistes, ni avec Guinard, ni avec Kersausie, et que, dans ses conversations sur la liberté, il n'avait jamais parlé de moyens graves pour l'obtenir. Il n'a pas nié que Bescher ne prît des marchandises à crédit chez lui, mais il a dit que ce devait être pour de très-petites sommes : ce qui est vrai.

Pepin a affirmé que, depuis la loi sur les associations, il avait renoncé à faire partie d'aucune société secrète. Avant la loi, il avait été membre, pendant peu de temps, de la société dite de *l'Union de Juillet*, ensuite vice-président de la société pour l'Instruction du peuple, enfin, pendant quinze jours, chef d'une section du 12e arrondissement, dans la société des *Droits de l'Homme*. Il a déclaré avoir connu particulièrement le sieur Raspail : ils s'étaient rencontrés chez M. de Lafayette ; ils se sont occupés ensemble de questions industrielles, d'usines et d'expériences sur la décortication des grains. Comme M. le président lui demandait s'il ne comptait pas se servir du journal dirigé par le sieur Raspail, pour publier les proclamations et les actes qui auraient sans doute suivi l'attentat, dans le cas où il aurait réussi, il a répondu qu'il était bien certain que, s'il avait été dans le cas de prendre part à un attentat, il aurait prévenu Raspail, comme il aurait prévenu d'autres personnes.

Pepin et Fieschi ont été confrontés; Fieschi a tout de suite reconnu Pepin; celui-ci a dit, en voyant Fieschi, qu'il lui semblait avoir vu cet homme, mais qu'il ne pourrait pas l'affirmer. Après l'avoir entendu parler, il l'a reconnu, au son de sa voix, pour la personne qu'il a désignée sous le nom de *Beschet*, et qui lui a été présentée par Morey sous ce nom. Fieschi, imperturbable dans ses accusations, a répété froidement, en présence de Pepin, tout ce qu'il avait articulé à sa charge: préméditation du crime, participation à l'attentat, propos atroces contre la personne du roi. Du reste, il a été calme dans son maintien, ferme et modéré dans son langage. Pepin lui ayant reproché de vouloir l'entraîner dans sa perte après l'avoir exploité, Fieschi lui a répondu : « Je n'ai jamais eu de vous pour mon compte que vingt francs de crédit en marchandises, et je vous les dois; quant au reste de l'argent que vous m'avez donné, je l'ai bien employé. »

Fieschi, revenant sur une de ses premières déclarations, a dit que s'il avait exprimé l'opinion qu'on avait averti les sociétés secrètes de ce qui devait se passer le 28 juillet, au fond, cela était incertain; pour lui, il ne croyait pas qu'on leur eût dit qu'il dût y avoir un attentat contre le roi, mais seulement une affaire. Il a répété, en présence de Pepin, que l'unique motif qui l'eût empêché de renoncer à son crime était l'engagement qui le liait à Pepin et à Morey; il s'est vanté d'avoir été esclave de sa parole, qui vaut plus que de l'argent puisqu'elle n'a pas de prix.

Pepin, agité, troublé, irrité, a opposé toutes les formules de dénégation que le langage peut fournir aux affirmations de Fieschi: « J'espère qu'il y aura un être suprême qui donnera assez de force et assez de vie pour repousser de pareilles infamies. — Je jure par tout ce qu'il y a de plus sacré, je prends Dieu et les hommes à témoin, que tout cela n'est qu'un tissu de mensonges abominables. — Il faut avoir la rage dans le cœur pour vouloir anéantir un homme comme moi par d'aussi insignes faussetés »... et bien d'autres protestations encore. La confrontation s'est terminée par ces derniers mots de Fieschi. Après avoir répété qu'il persistait dans toutes ces déclarations, il a dit : « J'ai long-temps hésité, j'avais un cauchemar qui m'étouffa; je voulais me purger; je suis enfin décidé à tout dire, non pour faire des victimes, mais pour rendre hommage à la vérité. Je n'ai demandé ma grace, ni à vous, M. le président, ni à personne, et personne ne me l'a promise. »

Confronté avec Boireau, Pepin a dit ne pas le connaître;

Boireau a soutenu pareillement qu'il ne connaissait pas Pepin. Cependant le garçon de boutique de Pepin a reconnu Boireau pour l'avoir vu venir trois ou quatre fois dans le magasin, et, pour la dernière fois, quatre mois avant le mois d'octobre qui vient de finir. Pepin, averti de cette déclaration, a répondu que Boireau pouvait être venu boire la goutte avec Fieschi, mais qu'il ne l'avait ni remarqué ni reconnu.

Pepin a répété que Fieschi lui avait dit qu'il ferait parler de lui en faisant un coup grave en politique, un coup contre le gouvernement. Mais il a soutenu que Fieschi ne lui avait fait que des confidences bénévoles; que s'il lui avait parlé de choses graves, il ne lui en avait parlé que très-vaguement et ne lui avait pas dit le fin mot. Plusieurs fois il lui a montré le poignard qu'il portait; il lui a même confié qu'il avait eu l'idée de le plonger dans le sein de M. Caunes, parce qu'il croyait que c'étaient ses dénonciations qui avaient motivé les poursuites dont il était l'objet. Enfin, Pepin a déclaré que Fieschi lui avait toujours inspiré une véritable frayeur.

Depuis, dans son interrogatoire, Pepin est revenu sur cette confidence que Bescher ou Fieschi lui aurait faite des projets graves qu'il méditait. Il a assuré en avoir parlé dans le temps à une dame; mais il n'a point voulu indiquer le nom de cette dame, pour ne la point déranger : il n'a dérangé que trop de personnes! Au reste, s'il avait pu connaître exactement ce que Fieschi avait en tête, il en aurait prévenu l'autorité, trop heureux de racheter par là les malheurs qui l'avaient frappé antérieurement. Il a répété de nouveau que la présence de Fieschi l'épouvantait.

Enfin, Pepin persiste à nier toute complicité de sa part, et Fieschi persiste à l'accuser. Pepin a demandé à n'être plus confronté avec Fieschi. Il a terminé son dernier interrogatoire, en disant : « Je plains Fieschi, par cela même qu'il m'a accablé d'injustices. Si je l'ai interpellé, ça été pour ma justification; par cela même qu'il est injuste à mon égard, je ne veux point agir de même avec lui, et jouer tout à la fois les rôles de prévenu et d'accusateur. Quant à présent, je n'ai pas d'interpellations à lui faire.... Je ne connais pas la portée des mots quand il s'agit d'accusation; et si dans mes réponses quelque chose peut me nuire, c'est par défaut de connaissance, et, dans l'hypothèse où je me trouve, on parviendrait peut-être à faire d'un innocent un coupable. »

Victor Boireau, ouvrier ferblantier, est né à La Flèche, département de la Sarthe, le 5 novembre 1810. Il a été ouvrier à Lyon, chez un ferblantier nommé *Carle*. On dit qu'il a été chassé de Lyon par les compagnons du devoir, avec lesquels il était associé, parce qu'il avait détourné des fonds appartenant à la société, dont on lui avait confié la gestion. Il a repoussé cette inculpation, et, par quelques explications plausibles, il a rendu compte du fait, innocent en soi, qui pouvait y avoir donné lieu. Divers renseignemens l'avaient signalé comme ayant appartenu à la société des *Droits de l'Homme*; on a assuré qu'il faisait partie de la section *Louvel*; il a dit qu'il avait voulu entrer dans cette société, mais qu'il n'en avait jamais fait partie. Il fréquentait le café Périnet; ses opinions républicaines sont constantes.

Suireau fils a déclaré qu'il connaissait très-bien Fieschi; et l'intimité de ses relations avec Boireau : Fieschi venait le voir presque tous les jours à son atelier. Boireau, de son côté, avait été intimement lié avec Laurence Petit; il savait depuis long-temps que Fieschi portait toujours sur lui un poignard et un fléau armé de balles de plomb

Le 27 juillet, dans l'après-midi, Suireau sut de Boireau qu'il n'était point allé, ainsi qu'il l'avait dit d'abord, percer des trous à l'hôtel d'Espagne avec son foret, mais bien à leur affaire ou à leur machine : il s'est certainement servi de l'une ou de l'autre expression. Suireau, auquel il venait de faire connaître que l'affaire devait se passer sur le boulevard du Temple, ayant remarqué qu'il avait fait une bien longue course en peu de temps, il répondit qu'il avait pris un cabriolet, et il ajouta que s'il voulait déclarer à M. Gisquet tout ce qu'il savait, il aurait tout ce qu'il voudrait. Le premier commis du sieur Vernert, Massé, étant entré dans l'atelier et trouvant les deux jeunes gens occupés à causer, leur dit : Travaillez-donc! « Qu'ai-je à faire de travailler? reprit Boireau, quand Massé fut parti; j'aurai peut-être demain plus de 100,000 francs. » Il quitta l'atelier à sept heures du soir et dit à Suireau qu'il allait monter à cheval, sur le boulevard, pour la répétition de la machine ; qu'il serait avec un autre ; qu'il irait au pas, au trot, au galop ; qu'il devait prendre des chevaux dans une écurie, dont le maître avait laissé la clef pour le cas où il ne s'y trouverait pas. D'après ce que disait Boireau, l'homme qui devait prêter les chevaux était un épicier. Le lendemain matin, Boireau dit à Suireau : « Nous sommes sûrs de notre affaire. » Boireau nie tous ces faits.

Boireau est accusé en outre d'avoir fourni à Fieschi le foret qui a servi à percer la lumière des fusils. Enfin, il résulte d'un des derniers interrogatoires de Fieschi et de la déposition de divers témoins une dernière charge contre Boireau. Fieschi a déclaré que c'était chez un entrepreneur en serrurerie, nommé *Pierre*, demeurant rue du Faubourg-Saint-Antoine, n° 65, qu'il avait fait exécuter la barre de fer ou de forte tôle, au moyen de laquelle il se proposait d'assujettir les culasses des canons de fusil de sa machine. Il n'est pas allé seul chez ce serrurier ; il était avec le sieur Michel Dècle ou avec Boireau; il croit plutôt que c'était avec Boireau.

Dans sa confrontation avec le serrurier Pierre, sa femme et ses ouvriers, Boireau est convenu qu'il était allé avec Fieschi dans cette boutique le dimanche 26 juillet, et il a même rappelé diverses circonstances qui se seraient passées en sa présence, et différentes paroles qu'il aurait dites. Il est ensuite revenu sur ces aveux, qui lui étaient échappés; il ne s'est pas contenté de dire, comme il l'avait fait d'abord, qu'il ne savait pas à quel usage la plaque de tôle était destinée, et de soutenir qu'il avait dit chez le serrurier que c'était pour une croisée; il a nié complétement avoir accompagné Fieschi dans la boutique du sieur Pierre.

Enfin, le dernier accusé, Bescher, est principalement chargé par une phrase de Morey, adressée à Nina Lassave au moment où l'arrestation de l'assassin était connue, et lorsque le bruit de sa mort se répandait. Le même Morey disait à Nina Lassave, en causant avec elle à cette barrière de Montreuil, où, en cas de fuite, il avait donné rendez-vous la veille à Fieschi : « Je vais rendre à ce pauvre Bescher son livret et son passeport qu'il avait prêtés à Fieschi. »

Avant que cette circonstance eût été indiquée par Nina, des poursuites étaient déjà dirigées à raison de l'attentat du 28 juillet, contre le sieur Tell Bescher, âgé de 41 ans, relieur, né à Laval, département de la Mayenne, en 1794, demeurant à Paris, rue de Bièvre, n° 8.

En 1834, cet homme se trouvait au nombre des inculpés dans l'affaire d'avril : une perquisition faite alors à son domicile avait amené la saisie d'un assez grand nombre de circulaires de la société des *Droits de l'Homme*, de cette société dont Bescher reconnaît avoir fait partie pendant quatre à cinq mois comme membre de la section *Marat*.

Bescher avait pris, en effet, un passeport le 5 janvier, et n'en a jamais fait usage : il a dit qu'il avait voulu faire un voyage, mais que sa femme, pour l'en empêcher, aurait brûlé le passeport. Ni le livret ni le passeport n'ont été retrouvés.

M. le rapporteur rappelle en peu de mots les principes de la compétence de la cour ; il termine en ces termes :

Nous avons exposé, Messieurs, les faits généraux mis en lumière par cette longue et laborieuse procédure ; nous vous avons présenté le tableau des charges qui s'élèvent contre chacun des inculpés, sur lesquels votre délibération devra porter. A l'égard de tous les autres, le conseil de douze membres, institué par votre arrêt du 29 juillet dernier, a déclaré, sur le rapport de M. le président, n'y avoir lieu à poursuites ultérieures.

Mais dans une affaire qui a éveillé à un si haut point la sollicitude de la France et de l'Europe, c'était pour nous un devoir d'approfondir les moindres incidens qui ont paru se rattacher au déplorable attentat dont l'instruction devait rechercher les auteurs et les complices. Quelque étendus que soient les développemens donnés à ce rapport, vous n'auriez qu'une indication incomplète du soin avec lequel a été instruite cette procédure, si vous n'aviez sous les yeux que les résultats positifs obtenus par elle : un immense travail a eu pour objet non-seulement d'éclaircir tous les faits dénoncés au ministère public, mais aussi de vérifier tous les avertissemens qui ont été donnés, de remonter à la source de tous les bruits qui ont paru se rattacher au crime du 28 juillet.

TEXTE DE L'ARRÊT DE LA COUR DES PAIRS,

La Cour des pairs,

Ouï, dans les séances des 16, 17 et 18 novembre, M. le comte Portalis, en son rapport de l'instruction ordonnée par l'arrêt du 29 juillet dernier;

Ouï dans la séance d'hier le procureur-général du roi dans ses dires et réquisitions; lesquelles réquisitions par lui déposées sur le bureau de la cour, signées de lui, sont ainsi conçues :

« Le procureur-général du roi près la cour des pairs,

« Vu les pièces de la procédure instruite contre les nommés :

   « Fieschi (Joseph),

   « Pepin (Pierre-Théodore-Florentin),

   « Morey (Pierre),

   « Boireau (Victor),

   « Bescher (Tell);

« Attendu que des pièces de l'instruction résultent charges suffisantes contre lesdits inculpés, d'avoir arrêté et concerté entre eux la résolution d'un attentat contre la vie du roi et des membres de la famille royale, résolution suivie d'actes commis et commencés pour en préparer l'exécution : crime prévu par les art. 86 et 89 du code pénal;

« Attendu qu'il en résulte aussi contre Fieschi charges suffisantes de s'être rendu coupable :

« 1° D'un attentat contre la vie du roi et des membres de la famille royale : crime prévu par les art. 86 et 88 du code pénal;

« 2° D'homicide volontaire commis avec préméditation et guet-apens sur la personne de M. le maréchal duc de Trévise, de M. le général de Lachasse de Vérigny, de M. le colonel Raffé, de M. le comte de Villatte, de M. Rieussec, lieutenant-colonel de la garde nationale; de MM. Léger, Ricard, Prudhomme, Benetter, Inglar, Ardoins, Labrouste, Leclerc; des dames Langoret, dite femme Bourgeois, Briosne, Ledhernez; des demoiselles Remy et Rose Alizon;

« 3° De tentative d'homicide sur MM. les généraux Brayer,

Blein, Heymès, Pelet, Colbert ; MM. Chamaraude, Marion, Chauvin, Royer, Vidal, Delépine, Ledhernez, Amaury, Bonnet, Franchebond, Roussel, Baraton, le jeune Goret, la dame Ardoins, les demoiselles Ledhernez et François (Clotilde):

« Crimes connexes prévus par les art. 295, 296, 297 et 298 du code pénal ;

« Attendu qu'il résulte également de l'instruction contre Pepin, Morey et Boireau, charges suffisantes de s'être rendus complices des crimes ci-dessus spécifiés ; soit en donnant des instructions pour les commettre; soit en y provoquant leur auteur par dons, promesses, machinations ou artifices coupables ; soit en procurant des armes, des instrumens ou tous autres moyens qui ont servi à l'action, sachant qu'ils devaient y servir ; soit en aidant ou assistant avec connaissance l'auteur desdits crimes dans les faits qui les ont préparés ou facilités, ou dans ceux qui les ont consommés :

« Crimes prévus par les art. 59, 60, 86, 88, 295, 297 et 298 du code pénal ;

« Vu l'art. 28 de la charte constitutionnelle, ensemble l'ordonnance royale du 29 juillet 1835 ;

« Attendu que les crimes ci-dessus qualifiés rentrent, soit directement, soit par voie de connexité, dans la compétence de la cour ;

« Attendu, d'ailleurs, qu'ils présentent au plus haut degré le caractère de gravité qui doit déterminer la cour à s'en réserver la connaissance ;

« Requiert qu'il lui plaise se déclarer compétente, décerner ordonnance de prise de corps contre les nommés Fieschi, Pepin, Morey, Boireau et Bescher ;

« Ordonner en conséquence la mise en accusation desdits inculpés, et les renvoyer devant la cour pour y être jugés conformément à la loi.

« Fait au parquet de la cour des pairs, le 18 novembre 1835.

« MARTIN (du Nord). »

Après qu'il a été donné lecture par le greffier en chef et son adjoint des pièces de la procédure, et après en avoir délibéré hors la présence du procureur-général ;

En ce qui touche la question de compétence,

Attendu que l'attentat contre la vie ou la personne du roi, et l'attentat contre la vie ou la personne des membres de la famille royale, sont rangés par le code pénal dans la classe des attentats contre la sûreté de l'état, et se trouvent dès-lors compris dans la disposition de l'art. 28 de la charte constitutionnelle ;

Attendu que ces crimes présentent au plus haut degré le caractère de gravité qui doit déterminer la cour à s'en réserver la connaissance ;

Au fond, en ce qui touche Fieschi (Joseph), Morey (Pierre),

Pepin (Pierre-Théodore-Florentin), Boireau (Victor), Bescher (Tell),

Attendu que de l'instruction résultent contre les susnommés charges suffisantes d'avoir concerté et arrêté entre eux la résolution de commettre un attentat contre la vie du roi et contre celle des membres de la famille royale, ladite résolution suivie d'actes commis ou commencés pour en préparer l'exécution ;

En ce qui touche Fieschi (Joseph),

Attendu que de l'instruction résultent contre lui charges suffisantes de s'être rendu coupable :

1° D'attentat contre la vie du roi et contre la vie des membres de la famille royale ;

2° D'homicide volontaire commis avec préméditation et guet-apens sur la personne du maréchal duc de Trévise, du général Lachasse de Vérigny, du colonel Raffé, du comte Villatte, des sieurs Rieussec, Léger, Ricard, Prudhomme, Benetter, Inglar, Ardoins, Labrouste, Leclerc ; des dames Briosne, Ledhernez, Langoret ; des demoiselles Rémy et Rose Alizon ;

3° De tentative d'homicide commise volontairement, avec préméditation et guet-apens, sur la personne du général comte de Colbert, du général baron Brayer, du général Pelet, du général Heymès, du général Blein ; des sieurs Chamaraude, Marion, Goret, Chauvin, Royer, Vidal, Delépine, Ledhernez, Amaury, Bonnet, Baraton, Roussel, Franchebond ; de la veuve Ardoins, de la dame Ledhernez de Méry et de la demoiselle François ;

Laquelle tentative, manifestée par un commencement d'exécution, n'a manqué son effet que par des circonstances indépendantes de la volonté de son auteur ;

En ce qui touche Morey (Pierre), Pepin (Pierre-Théodore-Florentin), Boireau (Victor), Bescher (Tell),

Attendu que de l'instruction résultent contre eux charges suffisantes de s'être rendus complices des crimes ci-dessus spécifiés ; soit en donnant des instructions pour les commettre ; soit en provoquant à les commettre, par dons, promesses, machinations ou artifices coupables ; soit en procurant des armes, des instrumens ou tous autres moyens ayant servi à les commettre, sachant qu'ils devaient y servir ; soit en ayant, avec connaissance, aidé ou assisté l'auteur de l'action dans les faits qui l'ont préparée ou facilitée, et dans ceux qui l'ont consommée :

Crimes prévus par les art. 59, 60, 86, 88, 89, 295, 296, 297 et 298 du code pénal ;

La cour se déclare compétente ;

Ordonne la mise en accusation de

    Fieschi (Joseph),
    Morey (Pierre),
    Pepin (Pierre-Théodore-Florentin),
    Boireau (Victor),
    Bescher (Tell);

Ordonne en conséquence que lesdits

Fieschi (Joseph), âgé de 40 ans, mécanicien, né à Murato (Corse), demeurant à Paris, boulevard du Temple, n° 50, taille de 1 mètre 64 centimètres, cheveux et sourcils châtains, menton rond, visage rond, front découvert, yeux bruns, nez long, teint ordinaire, sur le sein gauche la croix des Deux-Siciles;

Morey (Pierre), âgé de 61 ans, sellier, né à Chassaigne (Côte-d'Or), demeurant à Paris, rue Saint-Victor, n° 23, taille de 1 mètre 58 centimètres, cheveux et sourcils gris-blanc, menton rond, visage plein, front découvert, teint basané, yeux châtains, sur le bras droit un hussard;

Pepin (Pierre-Théodore-Florentin), âgé de 35 ans, marchand épicier, né à Remy (Aisne), demeurant à Paris, rue du Faubourg-Saint-Antoine, n° 1, taille de 1 mètre 76 centimètres, cheveux et sourcils châtains, front bas, yeux bruns, nez long, bouche moyenne, menton ovale, visage ovale, teint clair;

Boireau (Victor), âgé de 25 ans, ouvrier lampiste, né à La Flèche (Sarthe), demeurant à Paris, rue Quincampoix, n° 77, taille de 1 mètre 61 centimètres, cheveux et sourcils châtains, front plat, yeux bruns, nez épaté, bouche moyenne, menton rond, visage ovale, teint ordinaire;

Bescher (Tell), âgé de 41 ans, ouvrier relieur, né à Laval (Mayenne), demeurant à Paris, rue de Bièvre, n° 8, taille de 1 mètre 56 centimètres, cheveux et sourcils gris, menton rond, visage ovale, front haut, teint coloré, yeux roux, nez fort, bouche moyenne,

Seront pris au corps et conduits dans telle maison d'arrêt que le président de la cour désignera pour servir de maison de justice près d'elle;

Ordonne que le présent arrêt sera notifié, à la diligence du procureur-général du roi, à chacun des accusés;

Ordonne également que l'acte d'accusation qui sera dressé en vertu du présent arrêt sera notifié, à la même diligence, à chacun des accusés;

Ordonne que les débats s'ouvriront au jour qui sera ultérieurement indiqué par le président de la cour, et dont il sera donné connaissance, au moins quinze jours à l'avance, à chacun des accusés;

Ordonne que le présent arrêté sera exécuté à la diligence du procureur-général du roi.

Délibéré au palais de la cour des pairs, le jeudi 19 novembre 1835, en la chambre du conseil.

www.ingramcontent.com/pod-product-compliance
Lightning Source LLC
Chambersburg PA
CBHW050543210326
41520CB00012B/2695